Przemysław Nadolski

BYTOM WCZORAJ
BEUTHEN O/S GESTERN

przełożył: Wolfgang Jöhling

Wydawnictwo „Wokół nas"
Muzeum Górnośląskie w Bytomiu
Gliwice - Bytom 1999

Przemysław Nadolski
Bytom wczoraj - Beuthen O/S gestern

Redakcja: Rafał Budnik
             Marek Kusto
Tłumaczenie: Wolfgang Jöhling

W albumie wykorzystano zdjęcia ze zbiorów Muzeum Górnośląskiego w Bytomiu

ISBN 83-85338-57-8

Publikację można zamówić u wydawcy:
Wydawnictwo „Wokół nas"
ul. Basztowa 2/4
44-100 Gliwice
tel. (032) 331 37 16
fax (032) 331 37 18

lub u naszego przedstawiciela handlowego w Niemczech:
Polnische Buchhandlung „Wawel"
Stephanstr. 11
Postfach 290254
50524 Köln
tel. (0221) 24-61-60

BYTOM WCZORAJ

Bytom to miasto z tradycjami sięgającymi średniowiecza, położone we wschodniej części Górnego Śląska.

Już w 1123 r., w dokumencie legata papieskiego kardynała Idziego wymieniającym dochody opactwa benedyktynów w Tyńcu, wzmiankowana jest nazwa miasta („Bitom"). Był tu wówczas targ i dwie karczmy.

Prawdopodobnie w XI wieku powstał w Bytomiu gród obronny, będący później siedzibą kasztelanii. Był to pierwszy przedlokacyjny ośrodek osadniczy późniejszego miasta. Tutaj powstał też pierwszy kościół parafialny św. Małgorzaty. Grodzisko istnieje do dziś jako tzw. Wzgórze Małgorzatki.

W połowie XIII wieku doszło do lokacji miasta Bytomia na prawie magdeburskim przez księcia piastowskiego Władysława Opolskiego. Akt nadania praw miejskich wystawiono w 1254 r. Zasadźcą i pierwszym wójtem był Henryk.

Nowe miasto usytuowano na północny wschód od dawnego grodu. Założono je na planie owalu z prostokątnym rynkiem pośrodku i ulicami krzyżującymi się pod kątem prostym. Otoczone było murem obronnym (wzmocnionym później wałem). Powstały budynki użyteczności publicznej: kościół parafialny Najświętszej Maryi Panny, kościół i klasztor franciszkanów, ratusz. Rynek był miejscem targowym. Obszar średniowiecznego miasta mieścił się w obrębie obecnych ulic Katowickiej, Kwietniewskiego, Piłsudskiego, Korfantego. Do miasta prowadziły dwie bramy: Krakowska (lub Sławkowska) oraz Pyskowicka. Później powstała jeszcze brama Gliwicka. Od bram rozpoczynały się drogi wiodące do poszczególnych miast.

Poza murami miasta leżały przedmieścia zwane Błotnica (rejon obecnej ul. Piłsudskiego), Dyngos (obecna ul. Katowicka), Gliwickie (ul. Dworcowa) i Krakowskie (przy ulicy tej nazwy). Na wschód od miasta założono wieś Rozbark na planie owalnicy (obecne ulice Witczaka i Staromiejska).

Dalej rozciągały się pola: Kneflikowskie (rejon ul. Chorzowskiej), Paniowskie (na północ od miasta), Bielczowskie (rejon ulic Dworskiej i Strzelców Bytomskich), Wielkie i Małe Pole (na północ i południe od drogi do Miechowic). Miasto posiadało własny las - Dąbrowę Miejską.

W pobliżu miasta działały młyny: Podgojny (lub Gojny) znajdował się przy lasku zwanym Goj, na południe od miasta (obecna ul. Młyńska), młyn Pielki (Pilkermühle) pod wzgórzem św. Małgorzaty.

Swoje charakterystyczne nazwy zdobyły stopniowo bytomskie ulice. Oprócz głównego placu zwanego Rynkiem (Ring) ulice otrzymały nazwy od miast, do których prowadziły (Krakowska, Gliwicka i Tarnogórska - obecnie Jainty), rzemieślników, którzy się przy nich osiedlali (Krawiecka, Rzeźnicza, Krupnicza - obecnie Webera), lub pobliskich obiektów (Browarniana, Farna - obecnie ks. Koziołka, Klasztorna - obecnie Szymanowskiego).

Rozwojowi miasta sprzyjało dogodne położenie na szlaku handlowym z Wrocławia do Krakowa, jak również złoża rud srebra i ołowiu. Górnictwo było podstawą jego bogactwa aż do XIV wieku, kiedy to dostępne złoża się wyczerpały. Spowodowało to upadek Bytomia trwający aż do początku XIX wieku.

Po śmierci założyciela miasta księcia Władysława jego dziedzictwo uległo podziałowi, co spowodowało powstanie samodzielnego księstwa bytomskiego w 1281 r. Pierwszym księciem bytomskim został Kazimierz. Zapoczątkował on bytomską linię Piastów, która wygasła wraz z księciem Bolkiem w 1355 r. W 1289 r. książę Kazimierz złożył hołd ze swego księstwa królowi czeskiemu.

Miasto przeżywa często najazdy czy klęski żywiołowe. W 1241 r., a więc jeszcze przed lokacją, pojawiają się Tatarzy, zaś w 1430 r. zdobywają je husyci.

W 1526 r. wraz z całym Królestwem Czeskim Bytom przechodzi pod panowanie austriackich Habsburgów.

W 1627 i 1642 r. nowe klęski przynosi miastu wojna trzydziestoletnia. W międzyczasie, w 1623 r. właścicielami Bytomia zostają Donnersmarckowie ze Świerklańca.

W 1742 r. Bytom zostaje wraz z całym Śląskiem zdobyty przez wojska Fryderyka Wielkiego. Odtąd wchodzi w skład państwa pruskiego.

W XIX wieku następuje okres niebywałego wręcz rozwoju Bytomia, związanego z industrializacją i wykorzystaniem złóż węgla kamiennego oraz rud cynku i ołowiu w okolicy. W krajobraz okolic miasta na trwałe wpisują się kopalniane wieże wyciągowe i hałdy, hutnicze kominy.

W samym mieście przestaje dominować niska drewniana zabudowa. Po 1800 r. rozebrano prawie całkowicie mury obronne i wały. W pierwszej połowie XIX wieku w rynku powstają murowane domy jedno- lub dwupiętrowe. Po 1850 r. buduje się w większości wysokie kilkukondygnacyjne kamienice, w historyzujących stylach, bogato zdobione sztukateriami i sterczynami. Dąży się do maksymalnego wykorzystania cennego gruntu, powstają liczne oficyny i przybudówki w podwórzach domów. Czynsze pozwalają na uzyskiwanie pokaźnych dochodów z posiadania własnej kamienicy.

Rozwój miasta przerwany został przez wybuch I wojny światowej w 1914 r. Po jej zakończeniu w 1918 r. zaostrzyła się sytuacja polityczna, doszło do nasilenia polskich dążeń narodowych.

Traktat wersalski przewidział na Górnym Śląsku plebiscyt. W Bytomiu umieszczono Polski Komisariat Plebiscytowy, działający pod kierownictwem Wojciecha Korfantego. Miasto już zresztą przed wojną było ośrodkiem polskiego ruchu narodowego, rozwinęły się polskie organizacje i prasa.

Podczas plebiscytu w Bytomiu oddano 29890 głosów za Niemcami i 10101 głosów za Polską. Strona polska, nie godząc się z zamiarem pozostawienia miasta i regionu przy Rzeszy Niemieckiej, wywołała na Górnym Śląsku trzy powstania.

Ostatecznie jednak Bytom pozostał w Niemczech, podczas gdy z trzech stron został otoczony nową granicą państwową. Utracił też dzielnicę Frydenshuta (dawny Czarny Las - obecnie Nowy Bytom - część Rudy Śląskiej).

W okresie międzywojennym nastąpił dalszy rozwój miasta. Czynnikiem determinującym było przede wszystkim jego graniczne położenie. W 1933 r., po dojściu do władzy narodowych socjalistów, Bytom znalazł się w państwie totalitarnym, jakim stały się ówczesne Niemcy. Wybuch II wojny światowej w 1939 r. przyniósł likwidację granicy biegnącej wokół miasta.

27 stycznia 1945 r. do Bytomia wkroczyły oddziały Armii Czerwonej. Kilka miesięcy później przekazano miasto administracji polskiej. Zamknięty został pewien rozdział dziejów.

Obiekty użyteczności publicznej

W 1848 r. powstał szpital miejski na miejscu rozebranej starej szkoły (obecnie stoi tam dom katechetyczny przy ul. Strażackiej). Swój własny szpital dla górników wzniosła Spółka Bracka w 1851 r. (obecnie zakład św. Roberta przy ul. Dworcowej).

Państwowy wymiar sprawiedliwości zbudował w latach 1858-1862 kompleks gmachów sądu i więzienia. Rozbudowano go później w 1894 r. W tym miejscu toczył się proces legendarnego zbójnika górnośląskiego Eliasza. Osobny budynek dla wydziałów cywilnych sądu powstał w latach I wojny światowej (obecnie Urząd Miejski).

W 1862 r. ulice otrzymały gazowe oświetlenie. Równocześnie powstała miejska gazownia. W 1868 r. zbudowano nowoczesne miejskie wodociągi.

W 1893 r. doprowadzono wodę z kopalni „Rozalia" w Dąbrówce Wielkiej. Kanalizacja powstała w latach 1901-1904, zaś w 1899 r. miasto otrzymuje prąd elektryczny z nowo zbudowanych elektrowni w Chorzowie i Zaborzu.

Komunikacja

Ogromne znaczenie dla rozwoju miasta miało doprowadzenie do miasta linii kolejowej. Napotkało to jednak poważny opór części mieszczan czerpiących zyski ze spedycji towarów wozami konnymi.

W 1859 r. przeprowadzono kolej z Tarnowskich Gór do Chebzia ze stacją w Karbiu, a dopiero w 1868 r. Bytom otrzymał własny dworzec na linii Kolei Prawego Brzegu Odry (Rechte-Oder-Ufer-Eisenbahn) która prowadziła z Wrocławia przez Kluczbork, Tarnowskie Góry, Bytom do Pszczyny i Dziedzic. Dworzec zlokalizowano pierwotnie na miejscu obecnych biur kolejowych przy ul. Powstańców Warszawskich. W 1913 r. został on przeniesiony na miejsce obecnej stacji benzynowej przy ul. Strzelców Bytomskich. Kolej tę zlikwidowano po podziale Górnego Śląska i przecięciu jej polsko-niemiecką granicą państwową. Rozbiórka nastąpiła w 1931 r.

W 1872 r. powstał drugi dworzec zbudowany przez Kolej Górnośląską (w miejscu hali peronowej obecnego dworca). Obok dobudowano w latach 90. XIX wieku nowy budynek. Obydwa zostały zastąpione w 1929 r. nowoczesnym budynkiem z halą peronową, co było konieczne dla pełnienia funkcji niemieckiego dworca granicznego, jakim był dworzec bytomski w latach 1922-1939. Na dworcach Prawoodrzańskim i Górnośląskim funkcjonowały też lokomotywownie.

W 1935 r. uruchomiono bezpośrednią komunikację z Berlinem. Jazda na trasie Bytom-Berlin trwała 4,5 godziny. Pociąg złożony ze spalinowego zespołu trakcyjnego zwano Latającym Ślązakiem („Der Fliegende Schlesier").

W 1894 r. uruchomiono komunikację tramwajową z Gliwic przez Bytom do Piekar. Był to tramwaj parowy. W 1898 r. wprowadzono trakcję elektryczną. Zajezdnia znajdowała się przy obecnej ul. Witczaka (obecnie autobusowa). Z kolei w 1913 r. powstała miejska sieć tramwajów eksploatująca linie do Miechowic i Dąbrowy Miejskiej (z zajezdnią przy ul. Piekarskiej).

Przemysł

Powstałe w pierwszej połowie XIX wieku zakłady przemysłowe zaczęły się w latach 60. i 70. konsolidować, czyli łączyć w większe jednostki.

W 1870 r. powstaje kopalnia węgla kamiennego „Heinitz" (obecnie „Rozbark"), w 1872 r. „Karsten Centrum" (obecnie „Centrum"), w 1873 r. „Hohenzollern" („Szombierki"). Oprócz nich istnieją drobniejsze kopalnie galmanu „Theresia" i „Apfel" (koło kopalni „Centrum"), „Fortuna" (przy obecnej ul. Brzezińskiej), „Rococo" (pl. Wojska Polskiego), „Neue Viktoria" (ul. Węglowa).

Poza przemysłem ciężkim rozwijają się też browary (stary przy ul. Browarnianej i nowy przy ul. Wrocławskiej), cegielnie, tartak Goldsteinów (przy ul. Wyczółkowskiego). Kwitnie handel (dom towarowy braci Barasch - później Woolworth przy pl. Kościuszki).

Kościoły

Pierwszą świątynią chrześcijańską Bytomia był kościół pod wezwaniem św. Małgorzaty położony na terenie grodu kasztelańskiego. Zbudowano go przed 1170 r. z fundacji Bolesława Kędzierzawego. Był murowany z ciosów kamiennych, na rzucie prostokąta z wieżą, utrzymany w stylu romańskim. Wokół rozciągał się najstarszy bytomski cmentarz. Duszpasterstwo sprawowali benedyktyni, później zaś norbertanie (premonstratensi) z Wrocławia.

Znaczenie tej świątyni zmalało po wybudowaniu drugiego kościoła w nowo lokowanym mieście i likwidacji kasztelanii. W późniejszych wiekach kościół i cmentarz służył mieszkańcom podbytomskich wsi.

Murowana świątynia uległa zniszczeniu w XV wieku, prawdopodobnie dokonali tego husyci. Na jej miejscu powstał kościół drewniany. Po latach odbudowano go w 1681 r. i w tej postaci przetrwał aż do XIX wieku. Był to skromny kościółek zbudowany na rzucie prostokąta z belek łączonych na zrąb.

Na jego miejscu w 1881 r. zbudowano nowy murowany kościół w stylu neogotyckim, istniejący do dziś.

Drugi bytomski kościół powstał na terenie nowo lokowanego miasta. Nosił wezwanie Najświętszej Maryi Panny. Według niektórych źródeł zbudowano go w 1231 r., natomiast z 1253 r. pochodzi pierwsza wzmianka o nim. Była to murowana świątynia w stylu gotyckim, przebudowana w pierwszej połowie XVI wieku po pożarze. Wokół niej rozciągał się cmentarz, gdzie grzebano przez kilkaset lat mieszczan bytomskich.

W 1367 r. kościół ten i miasto były świadkami tragicznych zdarzeń związanych z utopieniem przez mieszczan dwóch księży: Piotra z Koźla i Mikołaja z Pyskowic. Zbrodnia spowodowała nałożenie interdyktu i upadek gospodarczy miasta. W XV wieku do kościoła trafił obraz Matki Boskiej zwanej Bytomską. Ten otoczony niegdyś szczególną czcią wizerunek przetrwał do dziś.

W XVI i XVII wieku świątynia znajdowała się przejściowo w rękach protestantów, wskutek dominacji tego wyznania w mieście.

W latach 1851-1857, za czasów ks. Józefa Szafranka, kościół gruntownie przebudowano w stylu neogotyckim według projektu Köbikego. Zbudowano nowe prezbiterium, wydłużono nawy, położono nowe sklepienia, przebudowano zwieńczenie wieży. Wykonano też dostosowane stylowo wyposażenie wnętrza. W latach 1935-1938 kościół odnowiono i wyposażono w barokowy ołtarz główny z XVII wieku pochodzenia włoskiego. W 1945 r. dach kościoła uległ pożarowi, po jego odbudowie zmieniono nieco zewnętrzną sylwetkę świątyni.

Kolejnym miejscem kultu stał się klasztor i kościół franciszkanów pod wezwaniem św. Mikołaja powstały prawdopodobnie w 1258 r. Po minorytach objęli klasztor bernardyni, z przerwą w okresie reformacji. Gotycki kościół przebudowano w stylu barokowym w 1783 r. Niedługo później, w 1810 r. władze pruskie odebrały kościół zakonnikom. W 1833 r. przekazano go bytomskim ewangelikom. Jako świątynia tego wyznania służył do 1945 r., kiedy z kolei władze polskie odebrały go ewangelikom, stosując zresztą metody podobne do tych sprzed 135 lat. Kościół objęli franciszkanie, zmieniając jego wezwanie na św. Wojciecha.

W 1299 r. książę bytomski Kazimierz założył za murami miasta w pobliżu bramy Krakowskiej szpital prowadzony przez zakon bożogrobców, którzy już wcześniej osiedlili się w Chorzowie. Razem ze szpitalem powstała kaplica św. Ducha. W tamtych czasach szpital był instytucją powołaną do opieki nad ludźmi ubogimi.

W 1721 r. proboszcz chorzowski Stanisław Stępkowski wzniósł nową kaplicę św. Ducha na planie ośmioboku utrzymaną w stylu barokowym. Szczególnie piękne są zachowane do dziś ołtarze. Po sekularyzacji majątków zakonnych szpital stał się własnością wrocławskiej kurii biskupiej. Nowy, istniejący do dziś, budynek szpitala zbudowano w 1863 r.

W latach 1911-1913 zbudowano bardzo nowoczesny na owe lata ośrodek rehabilitacji inwalidów kontynuujący tradycje szpitala i posiadający to samo wezwanie św. Ducha (obecnie Szpital Górniczy).

W 1615 r. przed bramą Pyskowicką, na nowo założonym wówczas cmentarzu, powstała murowana kaplica w stylu gotyckim pod wezwaniem św. Trójcy. Przez kilkaset lat służyła ona bytomianom jako kaplica cmentarna.

Wskutek gwałtownego przyrostu ludności miasta w drugiej połowie XIX wieku przestał wystarczać dla potrzeb mieszkańców jeden kościół Mariacki. Za czasów proboszcza ks. Norberta Bonczyka postanowiono zbudować drugi okazały kościół parafialny na miejscu dawnej kaplicy św. Trójcy, zachowując jednak to historyczne wezwanie. Projekt kościoła w stylu neogotyckim sporządził miejscowy architekt Paul Jackisch, zaś kościół zbudowano w latach 1883-1886. Świątynia otrzymała jednolite stylowo wyposażenie wnętrza. Miejsce ołtarza dawnej kaplicy upamiętniono krzyżem ufundowanym przez hr. Donnersmarcka. Jej charakterystyczna strzelista wieża i mury z czerwonej cegły są do dziś ważnym elementem panoramy miasta.

W 1901 r. przeniesiono do parku miejskiego w Bytomiu zabytkowy drewniany kościółek z pobliskich Mikulczyc. Powstał on około 1530 r. jako tamtejszy kościół parafialny i po wybudowaniu nowej świątyni nie był użytkowany. Wraz z kościółkiem przeniesiono też jego wyposażenie wnętrza.

W 1921 r. otwarto tu wystawę sztuki kościelnej. W 1933 r. przerobiono obiekt na pomnik bytomian poległych w I wojnie światowej. Pośrodku ustawiono sarkofag wykonany z węgla, na ścianach zawisły tablice z nazwiskami żołnierzy. Kościółek dziś już nie istnieje, spłonął w 1982 r.

W podbytomskiej wsi Rozbark od dawna opowiadano legendę o pobycie tutaj w średniowieczu św. Jacka. W 1740 r. stanęła na wzgórzu kaplica pod wezwaniem tego świętego. W 1801 i 1875 r. była ona zastępowana nowymi budynkami. W końcu postanowiono tu zbudować okazały kościół parafialny.
Projekt dwuwieżowej neoromańskiej budowli wykonał architekt Maks Giemsa. Przedtem musiano częściowo splantować wzgórze. Budowę zrealizowano w latach 1908-1911, zaś uroczysta konsekracja nastąpiła w 1915 r. Na miejscu dawnej kaplicy stanął pamiątkowy krzyż.

W 1927 r. zakupiono niewiele wcześniej zbudowaną salę gimastyczną przy obecnej ul. Pułaskiego, którą po przebudowie na kościół Najświętszego Serca Pana Jezusa objęli jezuici. W 1928 r. powstał nowy kościół św. Józefa w Dąbrowie Miejskiej. W północnej części miasta powstał w latach 1928-1931 dwuwieżowy kościół św. Barbary, projektu architekta Kicktona z Berlina, nawiązujący do stylu neoromańskiego.

Ostatnim powstałym przed II wojną światową kościołem była świątynia pod wezwaniem Podwyższenia Św. Krzyża, dzieło architekta Otto Lindnera z lat 1936-1937. Zbudowano go na planie rotundy zwieńczonej kopułą, z dostawioną wieżą.

Cmentarze

Pierwszy bytomski cmentarz założono prawdopodobnie w XII wieku wokół kościoła św. Małgorzaty na terenie grodu kasztelańskiego. Także kolejny powstał wokół świątyni, tym razem Najświętszej Maryi Panny w obrębie miasta. Było to w wieku XIII. Dopiero w XVII wieku, wskutek wyczerpania miejsca, jak również chyba zagrożenia epidemią, wyprowadzono cmentarz poza mury miejskie, za bramę Pyskowicką. Powstała tam w 1615 r. osobna kaplica cmentarna św. Trójcy.
Cmentarz ten służył aż do połowy XIX wieku, kiedy i tam zabrakło miejsca, a liczba ludności w mieście wciąż rosła.

W połowie XIX wieku założono więc nowy cmentarz przy obecnej ul. Piekarskiej. W 1882 r. wdowa Juliana Garus ufundowała na nim kaplicę Matki Boskiej Bolesnej zaprojektowaną przez Hugo Heera.

Ewangelicy założyli swój cmentarz w XIX wieku u zbiegu obecnych ulic Wrocławskiej i Kolejowej. Niestety, w latach 60. XX wieku został on zniszczony i zamieniony w skwer. Nowy cmentarz powstał razem z katolickim na początku XX wieku przy obecnej ul. Powstańców Śląskich. Obydwa są użytkowane do dziś.

Bytomscy Żydzi

Żydzi pojawili się w Bytomiu już w okresie średniowiecza. Zajmowali się głównie handlem i prowadzeniem karczem. W XVIII wieku ich liczba wzrasta. Wtedy też powstaje cmentarz żydowski położony na wałach miejskich, przy obecnej ul. Piastów Bytomskich. W drugiej połowie XVIII wieku powstała gmina żydowska.

W 1809 r. zbudowano pierwszą bytomską synagogę na miejscu dawnej szkoły jazdy konnej, przy obecnym pl. Grunwaldzkim. W tych latach Żydzi zostali zrównani w prawach obywatelskich z całym społeczeństwem.

W 1869 r. starą synagogę zastąpił nowy okazały budynek w stylu mauretańskim z dwiema wieżami. Zaprojektował go Freuding z Berlina. Założono też nowy cmentarz żydowski przy obecnej ul. Piekarskiej. Jednym z najbardziej zasłużonych rabinów był dr Markus Kopfstein.

W 1861 r. powstała osobna żydowska szkoła, mieszcząca się do 1938 r. w budynku na miejscu obecnego targowiska przy ul. Rostka.

Noc z 9 na 10 listopada 1938 r. („Noc Kryształowa") była początkiem zagłady bytomskich Żydów. Naziści spalili synagogę i uwięzili część Żydów. Reszta została wywieziona podczas wojny do obozów zagłady.

Ratusz i siedziby władz

Ratusz miejski, siedziba władz Bytomia, powstał prawdopodobnie na przełomie XIII i XIV wieku. Od początku znajdował się w zachodniej pierzei Rynku. W latach 1818-1826 został przebudowany, zaś w 1848 r. otrzymał neogotycką wieżę. Nie minęło wiele lat i rozrastające się miasto zafundowało sobie nową okazałą budowlę. W 1877 roku zbudowano na tym samym miejscu nowy ratusz w stylu neorenesansowym z wieżą zegarową, która stała się na kilka dziesięcioleci jednym z symboli miasta.

Już wkrótce magistrat przestał się tam mieścić, po 1897 r. pozyskano więc pomieszczenia dawnego starostwa powiatowego przy pl. Klasztornym, zaś w latach 1923-1924 powstał nowy gmach magistracki przy obecnej ul. Katowickiej (Przedsiębiorstwo Budowy Szybów).

Ratusz w Rynku padł niestety ofiarą „wyzwolicieli" miasta w 1945 r. Z doszczętnie spalonego i rozebranego później budynku ocalała tylko żelazna brama, którą można oglądać na cmentarzu parafii św. Jacka w Rozbarku.

Z kolei władze powiatowe urzędowały w budynku obecnej szkoły zawodowej u zbiegu ul. Józefczka i pl. Klasztornego, w którym później ulokowano część magistratu. W 1897 r. zbudowano nowy gmach starostwa w Rozbarku na Klukowcu, przy obecnej ul. Korfantego (obecnie filia Muzeum Górnośląskiego).

Szkoły

W 1428 r. pierwszy raz wzmiankowana jest w historii Bytomia szkoła. Była to typowa dla tamtej epoki szkoła parafialna.

W 1816 r. przystosowano na potrzeby szkoły katolickiej dawny klasztor franciszkanów. Szkoła ewangelicka otrzymała nowy budynek w 1842 r. Po 1870 r. rozpoczęto budowę nowych obiektów: szkoły I (1872 - obecnie szkoła zawodowa specjalna przy ul. Józefczaka), szkoły II (1880 - obecnie szkoła handlowa przy ul. Katowickiej), szkoły III (1874 - nr 3), szkoły IV (1894 - nr 4), szkoły V (1904 - nr 5, nosiła imię zasłużonego burmistrza Brüninga). W 1927 r., po przyłączeniu do Bytomia wsi Rozbark, przejęto na rzecz miasta tamtejsze szkoły.

W okresie międzywojennym powstały nowoczesne budynki obecnych szkół: nr 13 przy ul. Powstańców Śl. (Gutenberg-Schule), nr 18 przy ul. Tarnogórskiej (Herbert-Norkus-Schule) oraz nr 36 przy ul. Pułaskiego (Hans-Schemm-Schule).

W 1924 r. otwarto szkołę zawodową w nowym budynku przy obecnej ul. Webera (Zespół Szkół Ekonomicznych).

Pierwszą szkołą średnią była żeńska szkoła prowadzona od 1860 r. przez Siostry Szkolne de Notre Dame (przejściowo zamknięta w okresie Kulturkampfu). Mieściła się w budynku obecnego Zespołu Szkół Medycznych przy ul. Piekarskiej.

W 1867 r. powstało w Bytomiu gimnazjum o profilu klasycznym, od 1870 r. we własnym budynku (obecnie jest w nim szkoła muzyczna) zbudowanym w stylu neogotyckim, z piękną aulą.

W 1895 r. otwarto miejską szkołę realną. W 1906 r. otrzymała ona budynek obecnego IV LO przy pl. Sikorskiego.

W 1929 r. zbudowano przy obecnej ul. Strzelców Bytomskich (I LO) gmach dla gimnazjum realnego przeniesionego z Tarnowskich Gór.

Do Bytomia też przeniesiono z Katowic państwową szkołę rzemiosł budowlanych, która w 1930 r. otrzymała budynek przy obecnym pl. Jana III Sobieskiego (obecny

Zespół Szkół Mechaniczno-Samochodo-wych).

Przyszłe nauczycielki kształcono w założonym w 1906 r. żeńskim seminarium nauczycielskim (budynek obecnych Państwowych Szkół Budownictwa, powstał w latach 1911-12). Zostało ono przekształcone w 1930 r. w Akademię Pedagogiczną. Była to wówczas jedyna wyższa uczelnia w Bytomiu i na całym niemieckim Górnym Śląsku.

Wykształcenie muzyczne można było uzyskać w słynnym konserwatorium Cieplika, założonym w 1910 r. Mieściło się ono przy obecnej ul. Dworcowej 18.

Istniał też w mieście konwikt książęco-biskupi dla młodzieży gimnazjalnej chcącej w przyszłości studiować teologię. Zbudowano go w 1887 r. przy obecnym pl. Sobieskiego, zaś w 1900 r. przeniesiono do nowego budynku u zbiegu al. Legionów i Kraszewskiego.

W 1932 r. otwarte zostało polskie gimnazjum w budynku dawnej redakcji i drukarni pisma „Katolik" (obecnie szpital zakaźny przy al. Legionów).

Kultura i sztuka

W 1909 r. założono Bytomskie Stowarzyszenie Historyczne i Muzealne (Beuthener Geschichts- und Museumsverein). Stowarzyszenie to miało na celu badanie historii miasta oraz kolekcjonowanie dla przyszłego muzeum eksponatów świadczących o przeszłości miasta. Organizacja wydawała swój periodyk „Mitteilungen des Beuthener Geschichts- und Museumsvereins" (Komunikaty Bytomskiego Związku Historycznego i Muzealnego). Po ostatniej wojnie związek reaktywowano w Niemczech, z siedzibą w Dortmundzie.

Niedługo po założeniu Związku doszło też do otwarcia muzeum regionalnego. Początkowo mieściło się ono w budynku, który stał na miejscu obecnego kina „Gloria".

W 1930 r. zbudowano nowy obszerny gmach przy dzisiejszym pl. Sobieskiego, przekształcając placówkę w Górnośląskie Muzeum Krajowe (Oberschlesisches Landesmuseum). Kolekcja obejmowała zbiory z dziedziny archeologii, przyrody, etnografii oraz historii miasta.

W 1938 r. z Raciborza przeniesiono do Bytomia zbiory Górnośląskiej Biblioteki Krajowej z 90 000 tomów. Umieszczono je w budynku muzeum.

Na bazie wcześniejszych przedsięwzięć utworzono w 1937 r. Górnośląski Urząd Krajowy do spraw Ludoznawstwa (Oberschlesisches Landesamt für Volkskunde). Posiadał on pokaźną bibliotekę i zbiory pieśni ludowych.

W 1898 r. powstało w Bytomiu Towarzystwo Teatru i Domu Koncertowego (Theater- und Konzerthausgesellschaft). Zajęło się ono budową tego tak potrzebnego obiektu w mieście. Już 29 września 1900 r. pracę teatru zainaugurowało przedstawienie „Dziewicy Orleańskiej" Schillera. W 1925r. zorganizowano sceny Bytomia, Zabrza i Gliwic w jedną instytucję.

1925 rok przyniósł otwarcie galerii malarstwa w miejskim ratuszu. Najbardziej okazałym dziełem był portret papieża Piusa XI, którego autorem był Karl Wittek. Po utworzeniu Górnośląskiego Muzeum Krajowego zbiory w całości tam przekazano.

Z Bytomia wywodził się znany kompozytor Heinrich Schulz-Beuthen (1838-1915), rzeźbiarz Thomas Myrtek (1888-1935, jego dziełem są m. in. rzeźby na obecnej szkole ekonomicznej przy ul. Webera), pisarz Bruno Arndt (1874-1922).

Sport

Już w 1868 r. powstało w Bytomiu kryte kąpielisko, jedno z pierwszych na Górnym Śląsku. Mieściło się w nieistniejącym dziś budynku miejskich wodociągów, naprzeciw obecnego budynku Urzędu Miejskiego.

W 1881 r. założono otwarte kąpielisko w parku miejskim, przebudowane i zmodernizowane w 1933 r. Od 1906 r. istniał klub pływacki „Poseidon".

W 1934 r. ukończono budowę nowego krytego kąpieliska, największego wówczas na Górnym Śląsku, istniejącego do dziś.

Najsłynniejszym klubem sportowym był Spiel- und Sportverein 09, założony w 1909 roku. Jego drużyna piłkarska była wielokrotnym mistrzem Górnego Śląska.

W 1929 r. zbudowano w Bytomiu wielki stadion sportowy (Hindenburg-Kampfbahn), obecnie KS Polonia.

Park Miejski

Po 1870 r. rozpoczęto urządzanie parku miejskiego. Stworzono aleję wysadzaną drzewami (tzw. Promenadę). Zbudowano kąpielisko, otwarto zwierzyniec (m. in. z małpami i niedźwiedziami). Można było pływać łódkami po stawie, spacerować wzdłuż płynących kaskadami strumyków i podziwiać alpinarium przy tzw. Górze Miłości (Liebeshöhe).

W Dąbrowie Miejskiej z kolei zagospodarowano las i zbudowano tzw. Zameczek Leśny, ulubiony cel niedzielnych spacerów.

Pomniki

Pierwszym bytomskim pomnikiem był monument wzniesiony na Rynku ku czci żołnierzy powiatu bytomskiego poległych w wojnie z Francją w latach 1870/1871. Zbudowano go w formie fontanny z umieszczonym wewnątrz cokołem, na którym spoczywał lew (autorstwa śląskiego rzeźbiarza Teodora Kalidego). W 1933 r. przeniesiono go na obecny pl. Akademicki.

Kolejnym był pomnik ku czci „żelaznego kanclerza" Ottona von Bismarcka zbudowany w 1908 r. w parku miejskim. W 1910 roku odsłonięto konny pomnik króla Fryderyka Wielkiego przy obecnym pl. Sikorskiego. Dokonał tego osobiście cesarz Wilhelm II podczas swej wizyty w Bytomiu.

Po I wojnie światowej budowano wiele monumentów ku czci poległych na jej frontach. W 1924 r. powstał taki w Rozbarku (u zbiegu obecnych ul. Piłsudskiego i Matejki). W 1925 r. odsłonięto pomnik poległych podczas powstań śląskich bojowników Selbstschutzu (na pl. Słowiańskim).

W 1933 r., po przejęciu władzy przez nazistów, przerobiono kościółek drewniany w parku na miejsce pamięci wszystkich bytomian poległych w wojnie światowej. Postawiono też pomnik - fontannę ku czci Horsta Wessela przed obecnym Urzędem Miejskim.

Przemysław Nadolski

BEUTHEN O/S GESTERN

Beuthen, im Ostteil Oberschlesiens gelegen, darf auf eine Geschichte zurückblicken, die bis ins Mittelalter reicht. Bereits 1123 wird der Name der Stadt ("Bitom") in einem Schriftstück des päpstlichen Legaten, Kardinal Aegidius, zu den Einkünften der Tinzer Benediktinerabtei erstmals urkundlich erwähnt. Zu dem Zeitpunkt existierten hier immerhin ein Markt und zwei Schenken.

Wahrscheinlich wurde im 11. Jh. eine Wehrburg angelegt, in der später ein Burgvogt amtierte. Aus dieser Wehrsiedlung dürfte anschließend Beuthen hervorgegangen sein. Hier auch entstand die erste Gemeindekirche St. Margareth. Diese Wehranlage läßt sich bis heute noch auf dem sog. Margarethenhügel erkennen.

Mitte des 13. Jh. wurde Beuthen vom Oppelner Piastenherzog Wladislaus nach Magdeburger Stadtrecht gegründet. Die Gründungsurkunde trägt die Jahreszahl 1254. Lokator und erster Vogt war ein gewisser Heinrich.

Die neue Stadt war nordöstlich von der alten Wehrsiedlung und, wie in Schlesien üblich, oval mit einem rechteckigen Marktplatz im Herzstück und sich rechtwinkelig kreuzenden Gassen angelegt worden. Sie war mauernbewehrt (später bekam sie sogar noch Wehrwälle) und besaß natürlich auch ihre öffentlichen Gebäude. So ihre St. Marienkirche, das Franziskanerkloster mit der dazugehörigen Kirche und ihr Rathaus. Der Ring dient vor allem als Markt. Die gesamte mittelalterliche Stadtanlage erstreckte sich auf einer Fläche zwischen der Kattowitzer-, Kreuz-, Bismarck- und Friedenshütter Straße. Sie besaß zwei Stadttore, das Krakauer und Peiskretschamer Tor. Später kam noch das Gleiwitzer Tor hinzu. Von hieraus führten die Landstraßen zu den jeweiligen Städten. Außerhalb der Stadt lagen die Vorstädte Blottnitza (etwa Bismarckstraße) und Dyngos (Kattowitzer Straße) sowie die Gleiwitzer (Bahnhofstr.) und die Krakauer Vorstadt (an der gleichnamigen Straße).

Wiederum oval angelegt befand sich östlich von der Stadt das Dorf Roßberg (Scharleyer- und Altestraße). Weiterhin erstreckten sich bereits die Fluren und Auen, also die Knefflikowski- (Raum um die Königshütter Landstraße), Paniower- (nördlich der Stadt), Bielzer- (Raum um die Neuhof- und Ostlandstraße), Groß- und Klein- Felder (nördlich und südlich von der Straße nach Mechtal). Die Stadt besaß auch ihren eigenen Stadtwald.

Ganz in Stadtnähe ließ sich das Korn in der Podgojny-Mühle (oder Gojny) am südlich von der Stadt gelegenen Goj-Hain (Mühlenstraße) oder in der Pilkermühle am Margarethenhügel mahlen.

Außer dem Ring erhielten die Beuthener Gassen größtenteils ihre Namen nach den Städten, zu denen die Landstraßen führten (Krakauer, Gleiwitzer und Tarnowitzer Straße), bzw. nach den jeweils hier ansässigen Handwerkern (Schneider-, Fleischer-, Gräupnerstr.) oder den nächstliegenden Objekten (Brau-, Pfarr-, Klosterstraße).

Die günstige Lage an der Handelsstraße von Breslau nach Krakau und die Silber- und Bleierzvorkommen ließen die mittelalterliche Stadt schnell aufblühen. Bis zum 14. Jahrhundert basierte ihr Reichtum auf dem Erzbergbau. Dann aber erschöpften sich die Erzlagerstätten. Beuthen erlebte seinen bis ins 19. Jahrhundert anhaltenden Niedergang.

Nach dem Tode des Stadtgründers Wladislaus wurde sein Erbe aufgeteilt, so daß 1281 ein eigene Standesherrschaft Beuthen entstand. Erster Herzog von Beuthen wurde Kasimir, mit dem die Beuthener Piastenlinie beginnt. Sie verlischt erst 1355 mit Herzog Bolko. Im Jahre 1289 leistet Herzog Kasimir dem König von Böhmen den Lehnseid.

Häufig erlebt die Stadt feindliche Überfälle und allerlei Ungemach. Schon 1241, also noch vor dem Erhalt ihres Stadtrechts, fallen die Tatarenhorden ein und 1430 wird sie von den Hussiten eingenommen.

Zusammen mit dem gesamten Königreich Böhmen kommt Beuthen 1526 an die Habsburger. 1627 und 1642 wird es im Dreißigjährigen Krieg schwer verwüstet. Inzwischen jedoch haben die Neudecker Donnersmarcks 1623 Beuthen erworben.

1742 wird ganz Schlesien von Friedrich dem Großen erobert und damit gehört Beuthen ab diesem Zeitpunkt zu Preußen. Im 19. Jahrhundert erlebt die Stadt mit ihrer Industrialisierung und der Ausbeute der Steinkohlen-, Zink- und Bleierzvorkommen in der Umgebung einen geradezu atemberaubenden Aufschwung. Von nun an sollen die Grubenaufzüge und -halden, aber auch die Hüttenschlote das Stadtbild bestimmen.

Die niedrigen Holzkaten hören auf, tonangebend zu sein. Nach 1800 werden auch die Stadtmauern und Wehrwälle beinah vollständig geschleift. Schon in der ersten Hälfte des 19. Jh. entstehen die ein- oder zweigeschossigen Bürgerhäuser am Ring. Nach 1850 werden überwiegend mehrstökkige, dem Historismus verpflichtete, reich mit Stuck und Schnörkeln verzierte Miethäuser gebaut. Jeder Handbreit Baugrund wird maximal genutzt, so daß überall in den Höfen noch Hinter- und Nebenhäuser aus dem Boden schießen. Und die Mietpreise erlauben es den Hausbesitzern, ein geruhsames Wohlleben zu führen.

Die Entwicklung der Stadt wurde 1914 durch den Ausbruch des I. Weltkrieges unterbrochen. Nach dem I. Weltkrieg, im Jahre 1918 verschärfte sich die politische Lage, polnische Nationalbestrebungen nahmen an Stärke zu.

Der Versailler Vertrag sah Durchführung eines Plebiszits in Oberschlesien vor. In Beuthen wurde das Polnische Plebiszitskommissariat eingerichtet, das von Wojciech Korfanty geleitet wurde. Diese Stadt war übrigens bereits vor dem Krieg ein Zentrum der polnischen Nationalbewegung, hier entwickelten sich polnische Organisationen und Presse.

Während des Plebiszits gaben 29890 Wähler in Beuthen ihre Stimme für Deutschland und 10101 für Polen ab. Die polnische Seite war mit der Absicht, die Stadt und die Region im Deutschen Reich zu lassen, nicht einverstanden, und das bewegte sie zur Auslösung drei Aufstände in Oberschlesien.

Letzthin blieb Beuthen doch in Deutschland, wobei es von drei Seiten mit einer neuen Staatsgrenze umgeben wurde. Es verlor auch das Wohnviertel Friedenshütte (zur Zeit Nowy Bytom).

In der Zwischenkriegszeit erfolgte eine Weiterentwicklung der Stadt. Der bestimmende Faktor war vor allem seine Grenzlage. Im Jahre 1933, nachdem Nationalsozialisten die Macht ergriffen hatten, befand sich Beuthen in einem totalitären Staat, der Deutschland damals geworden war. Der 1939 ausgebrochene II. Weltkrieg verursachte die Auflösung der um die Stadt führenden Grenze.

Am 27. Januar 1945 marschierten die Truppen der Roten Armee in Beuthen ein. Ein Kapitel der Stadtgeschichte wurde abgeschlossen.

Die öffentlichen Gebäude

Anstelle der abgetragenen alten Schule wurde 1848 das städtische Hospital erbaut (inzwischen steht in der Hospitalstraße das Katechetenhaus). Die Bergknappschaft indes ließ 1851 ihr eigenes Knappschaftslazarett in der Bahnhofstraße errichten (inzwischen St. Robertus-Stift).

Die staatliche Justiz baute sich 1858-1862 einen ganzen, aus Gericht und Polizeigefängnis bestehenden Gebäudekomplex, der 1894 noch erweitert wurde. Dort übrigens fand das sagenumwobene Verfahren gegen den oberschlesischen Räuber Elias statt. Das gesonderte Zivilgerichtsgebäude entstand während des I. Weltkrieges (inzwischen Stadtamt).

Mit dem Bau der Gasanstalt 1862 erhielten die Beuthener Straßen auch ihre eigene Gasbeleuchtung und 1868 entstanden moderne städtische Wasserleitungen.

1893 wurde Wasser aus der Rosaliengrube in Groß Dombrowka nach Beuthen geleitet, die Kanalisation entstand 1901-1904 und ab 1899 wird die Stadt bereits mit Strom aus den neu erbauten Kraftwerken in Chorzow und Zaborze versorgt.

Die Stadtverkehrsentwicklung

Von ungeheuerer Tragweite für die Stadtentwicklung war der Anschluß an das Bahnschienennetz, wenngleich der Teil der Einwohnerschaft, der vom Gütertransport mit Pferdegespannen lebte, schwer dagegen opponierte.

Schon 1859 waren die Gleisanlagen von Tarnowitz nach Morgenroth mit einer Bahnstation in Karf verlegt worden, doch erst 1868 bekam Beuthen seinen eigenen Bahnhof an der Bahnstrecke der Rechte-Oder-Ufer-Eisenbahn von Breslau über Kreuzburg, Tarnowitz, Beuthen nach Pleß und Dzieditz. Ursprünglich befand sich der Bahnhof etwa in der Gartenstraße, wurde aber 1913 in die Ostlandstraße (heute liegt dort eine Tankstelle) verlegt. Dieser Schienenweg wurde nach der Teilung Oberschlesiens erst einmal stillgelegt, da ihn plötzlich die polnisch-deutsche Staatsgrenze durchschnitt, um 1931 völlig beseitigt zu werden.

1872 entstand jedoch der zweite, von der Oberschlesischen Eisenbahn gebaute Bahnhof (etwa die Bahnsteighalle des heutigen). In den 90er Jahren des 19. Jh. wurde noch ein Neubau danebengesetzt. Beide alten Gebäude sollten jedoch 1929 durch einen modernen Zweckbau mit überdachten Bahnsteigen ersetzt werden, denn immerhin diente er ja 1922-1939 als deutscher Grenzbahnhof. Sowohl auf dem Bahnhof der Rechte-Oder-Ufer-Eisenbahn als auch auf dem der Oberschlesischen Eisenbahn existierten Lokschuppen.

Der Direktanschluß nach Berlin wurde 1935 hergestellt. Die Fahrtzeit Beuthen-Berlin mit dem "Fliegenden Schlesier", einem Dieselexpress, betrug, so unwahrscheinlich es anmuten mag, lediglich viereinhalb Stunden.

Seine Stadtbahn erhielt Beuthen 1894 mit dem Bau der Straßenbahnlinie von Gleiwitz nach Deutsch Piekar. Damals wurde sie noch mit Dampf betrieben, aber schon 1898 hielt die "Elektrische" Einzug. Das Straßenbahndepot befand sich in der Scharleyerstraße (heute Busdepot). 1913 folgten dann noch die Gleisanlagen nach Miechowitz und zum Stadtwald (mit Straßenbahndepot in der Poststraße).

Die Industrie

Die in der ersten Hälfte des 19. Jh. entstandene Industriebetriebe schlossen sich in den 60er und 70er Jahren allmählich zu Großunternehmen zusammen.

1870 wird die Steinkohlengrube "Heinitz" (inzwischen "Rozbark"), 1872 die Karsten Centrum Grube (heute "Centrum"), 1873 die Hohenzollerngrube ("Szombierki") gegründet. Außerdem existierten noch die kleineren Zinkerzgruben "Theresia" und "Apfel" (bei der Karsten Centrum Grube), "Fortuna" (in der Birkenheiner Straße) "Rococo" und "Neue Victoria".

Neben der Schwerindustrie entwickeln sich auch das Brauereigewerbe (alte Brauerei in der Braustraße und neue in der Hindenburgstraße), Ziegeleien, die Goldsteinsche Schneidemühle (in der Johann-Georg-Str.). Und der Handel blüht nicht minder (Warenhaus Gebr. Barasch, später Woolworth am Kaiser-Franz-Joseph-, später Adolf-Hitler-Platz).

Die Kirchen

Beuthens erste Margarethenkirche lag auf dem Gelände der Vogtei und wurde noch vor 1170 von Boleslaus dem Kraushaarigen gestiftet. Bei ihr handelte es sich um einen rechteckigen, romanischen Kirchenbau aus behauenen Feldsteinquadern mit einem eigenen Turm. Um sie herum erstreckte sich der älteste Beuthener Friedhof. Die Seelsorge übernahmen hier anfangs die Benediktiner, später die Breslauer Norbertianer (Prämonstratenser).

Diese Kirche büßte ihre anfängliche Bedeutung mit dem Bau einer zweiten in der frisch gegründeten Stadt und der Beseitigung der Vogtei ein. In den folgenden Jahrhunderten diente sie und ihr Kirchhof nur noch den Einwohnern der umliegenden Dörfer.

Das steinerne Gotteshaus wurde jedoch schon im 15. Jh. zerstört, wahrscheinlich von den Hussiten. An seiner Stelle entstand 1681 ein bescheidenes Holzkirchlein, das bis ins 19. Jahrhundert existierte. Die kleine, rechteckig angelegte Kirche bestand aus verzahnten Balken. Sie mußte 1881 der neuen, bis heute bestehenden neogotischen Backsteinkirche weichen.

Die zweite Beuthener Kirche wurde, wie gesagt, in der frisch gegründeten Stadt selbst gebaut und der Jungfrau Maria geweiht. Einige Quellen nennen als ihren Baubeginn das Jahr 1231, wenngleich sie erst 1253 erstmalig urkundlich erwähnt wird. Diese ursprünglich gotische Kirche wurde nach dem Kirchenbrand in der ersten Hälfte des 16. Jh. umgebaut. Auch sie umgab ein Friedhof, wo jahrhundertelang die Beuthener Bürger ihre letzte Ruhestätte fanden.

Diese Kirche und die gesamte Stadt wurden 1367 Augenzeugen schlimmer Ereignisse, die dazu führten, daß Beuthen das Interdikt traf und damit wirtschaftlich schwer betroffen wurde. Beuthener Bürger hatten die beiden Geistlichen, Peter von Cosel und Nikolai von Peiskretscham, ertränkt. Im 15. Jh. hingegen kam das später als Beuthener Madonna bezeichnete und besonders verehrte Heiligenbild in diese Kirche und sollte sämtliche Stürme der Zeiten überdauern.

Im 16. und 17. Jh. war die Kirche vorübergehend protestantisch, da diese Konfession in der Stadt vorherrschte.
Im Zeitraum 1851-1857 wurde sie während der Amtszeit des katholischen Geistlichen Joseph Schaffranek nach einem Entwurf von Köbike grundlegend neogotisch umgebaut. Ein neuer Chor kam hinzu, das Hauptschiff wurde verlängert und neu überwölbt, schließlich auch die Turmbekrönung verändert. Ebenso passend zum neogotischen Äußeren wurde das Innere neu gestaltet. 1935-1938 wurde die Kirche noch einmal renoviert und erhielt ihren aus Italien stammenden barocken Hochaltar aus dem 17. Jh. 1945 brannte der Kirchendachstuhl aus, so

daß sich seither ihr Gesamtbild etwas verändert hat.

Nächste Kultstätte in Beuthen wurde das Franziskanerkloster und die dazugehörige Nikolaikirche, vermutlich aus dem Jahre 1258. Von den Minoriten übernahmen - mit Unterbrechung in der Reformationszeit - die Bernhardiner das Kloster. Die ursprünglich gotische Kirche wurde 1783 barock umgebaut. Schon bald darauf, im Jahre 1810, säkularisierten die preußischen Behörden sämtliche Klöster. 1833 wurde sie den Beuthener Protestanten übereignet. Evangelisch blieb sie bis 1945, als die polnischen Behörden sie den Protestanten wegnahmen und sich dabei ganz ähnlicher Methoden bedienten wie die Preußen 135 Jahre früher. Die Kirche bekamen die Franziskaner, die sie dem heiligen Adalbert weihten.

Bereits 1299 ließ der Herzog von Beuthen, Kasimir, außerhalb der Stadtmauer dicht beim Krakauer Tor ein Hospital anlegen, das er den Miechower Kreuzherren, die sich schon vorher in Chorzow niedergelassen hatten, überantwortete. Beim Hospital entstand zugleich die Heiliggeistkapelle. Zur damaligen Zeit oblag solchen Hospitälern die Armenfürsorge. 1721 wurde auf Betreiben des Chorzower Gemeindepfarrers Stanislaus Stempkowski die prächtige barocke, als Oktogon angelegte Heiliggeistkapelle errichtet. Besonders hervorragend haben sich bis auf den heutigen Tag die Altäre erhalten. Nach der Säkularisierung der Klostergüter ging das Heiliggeisthospital in den Besitz des Breslauer Bischofssprengels über. Das neue, noch heute existierende Hospitalsgebäude ist 1863 erbaut worden. 1911-1913 entstand indes das damals hochmoderne Krüppelheim, das die Tradition des Hospitals weiterführte und auch genauso dem Heiligen Geist geweiht wurde (inzwischen Bergmannskrankenhaus).
Auf dem soeben erst angelegten Friedhof vor dem Peiskretschamer Tor entstand 1615 die spätgotische Dreifaltigkeitskapelle. Dieser kleine steinerne Sakralbau diente den Beuthenern über die Jahrhunderte hin als Begräbniskapelle. Da in der zweiten Hälfte des 19. Jahrhunderts die Einwohnerzahl

rapide in die Höhe schnellte, reichte die eine einzige Marienkirche schon bald nicht mehr aus. Unter dem katholischen Gemeindepriester Norbertus Bontzek entstand daher anstelle der alten Dreifaltigkeitskapelle ein machtvoller Kirchenneubau, der jedoch den historischen Weihenamen beibehielt. Der 1883-1886 ausgeführte neogotische Entwurf von dem einheimischen Baumeister Paul Jackisch bezog zugleich das Innere stilvoll mit ein. An die Stelle des alten Kapellenaltars kam ein von Graf Donnersmarck gestiftetes Kreuz. Der steil in den Himmel ragende Kirchturm und die rote Backsteinfassade lassen sich inzwischen aus dem Stadtbild nicht mehr wegdenken.

1901 ließen die Beuthener Stadtväter die alte Schrotholzkirche aus dem nahegelegenen Mikultschütz mit ihrem gesamten Interieur nach dem eigenen Stadtpark verbringen. Sie stammte aus dem Jahre 1530 und war mit dem Bau einer neuen Gemeindekirche überflüssig geworden. Ab 1921 war darin eine Dauerausstellung sakraler Kunst untergebracht. 1933 wurde das historische Baudenkmal zum Denkmal für die Gefallenen im I. Weltkrieg umfunktioniert und darin ein Steinkohlensarkophag aufgestellt. Die Wände hingegen zierten Gedenktafeln mit den Namen der gefallenen Beuthener Kriegsopfer. Leider ist dieses schlesische Baukunstwerk 1982 völlig niedergebrannt.

Seit uralten Zeiten erzählten sich die Roßberger Bauern, im Mittelalter habe sich in ihrem Dorf der heilige Hyazinth aufgehalten. Und so errichteten sie 1740 auf einem Hügel eine ihm geweihte Kapelle. 1801 und 1875 wurde sie durch Neubauten ersetzt. Schließlich wurde beschlossen, eine prächtige Gemeindekirche errichten zu lassen. Den zweitürmigen, neoromanischen Kirchenbau entwarf ihnen Max Giemsa. Vor der Ausführung 1908-1911 mußte allerdings erst der Hügel teilweise planiert werden. Die Kirchweihe fand 1915 statt. Dort, wo sich einst die Kapelle befunden hatte, stand nunmehr ein Gedenkkreuz.

Der katholische Klerus erwarb 1927 die soeben erst errichtete Turnhalle in der Holteistraße, baute sie zur Herz-Jesu-Kirche um und übereignete sie den Jesuiten. 1928 entstand auch die Josephskirche in Städtisch-Dombrowa, 1928-1931 hingegen im Nordteil der Stadt die neoromanische Barbarakirche nach einem Entwurf des Berliner Architekten Kickton.

Den letzten Beuthener Sakralbau vor Kriegsausbruch bildete die kreisförmige Heilig-Kreuz-Kirche nach einem Entwurf von Otto Lindner 1936-1937 mit einem freistehenden Glockenturm.

Die Friedhöfe

Vermutlich ist der erste Beuthener Friedhof bereit im 12. Jh. rund um die Margarethenkirche in der Vogtei angelegt worden. Auch der nächste Friedhof dürfte im 13. Jh. rund um St. Marien in der Stadt selbst gelegen haben. Erst als sich im 17. Jh. dessen Belegungskapazität erschöpft hatte, wahrscheinlich aber auch aus seuchenhygienischen Gründen, wurde der Friedhof vor die Stadtmauern dicht beim Peiskretschamer Tor verlegt. 1615 entstand dort die eigens für Bestattungszwecke konzipierte Dreifaltigkeitskapelle. Dieser Friedhof wurde bis zur Mitte des 19. Jh. benutzt, als schließlich auch dort der Platz allzu knapp wurde, weil die Bevölkerungszahl rapide anstieg. Demnach wurde zu dem Zeitpunkt der neue Friedhof an der Piekarer- (später Poststraße) angelegt. 1882 stiftete die Witwe Juliane Garus die von Hugo Heer entworfene Mater-Dolorosa-Kapelle.

Die Protestanten legten sich bereits im 19. Jh. ihren eigenen Friedhof an der Hindenburg- und Humboldtstraße an. Leider ist er in den 60er Jahren unseres Jahrhunderts eingeebnet und in eine Grünanlage umgewandelt worden. Ihr neuer Friedhof indes sollte gemeinsam mit dem katholischen zum Jahrhundertbeginn an der Gutenbergstraße entstehen. Beide werden bis heute noch belegt.

Die Beuthener Juden

Schon im Mittelalter hatten sich Juden in Beuthen niedergelassen und lebten überwiegend als Krämer und Schankwirte. Im 18. Jh. nahm ihre Zahl zu. Zu dem Zeitpunkt entstand auch ihr erster Friedhof bei den Stadtwällen (Kaiserstraße) und in der 2. Hälfte des 18. Jh. auch ihre eigene Gemeinde.

1809 wurde anstelle der alten Reitschule am Friedrich-Wilhelmsring die erste Beuthener Synagoge erbaut. Preußen stellte damals die Juden seinen übrigen Bürgern gleich und so ließ sich 1869 auch die alte Synagoge durch einen ansehnlicheren, vom Berliner Baumeister Freuding im mauretanischen Stil entworfenen Neubau ersetzen. An der Piekarer Straße entstand gleichfalls ein neuer jüdischer Friedhof.

Zu den verdienstvollsten Beuthener Rabbinern gehörte Dr. Markus Kopfstein.

1861 wurde auch eine gesonderte jüdische Schule gegründet. Sie war bis 1938 in der Iserbachstraße (heute Marktplatz) untergebracht.

Die berüchtigte Reichskristallnacht läutete das Ende der Beuthener Juden ein. Die Nazis steckten die Synagoge in Brand und verhafteten bereits einen Teil der jüdischen Einwohner. Die übrigen wurden in der Kriegszeit in die Vernichtungslager deportiert.

Das Rathaus und die Amtsgebäude

Das Beuthener Rathaus dürfte Ende des 13., Anfang des 14. Jh. errichtet worden sein und stand von Anfang an an der Westseite des Rings. 1818-1826 wurde es umgebaut, 1848 indessen erhielt es seinen neogotischen Turm. Nur wenige Jahre sollten ins Land gehen und schon leistete sich die ausufernde Stadt einen stattlichen Neubau. 1877 entstand demnach an derselben Stelle das Neorenaissance-Rathaus mit einem Uhrenturm, der jahrzehntelang als Wahrzeichen der Stadt galt.

Aber auch hier wurde es für die Stadtverwaltung schon bald zu eng. So wurden 1897 noch zusätzlich die Räumlichkeiten des einstigen Kreishauses am Klosterplatz erworben bis zu guter Letzt 1923-1924 das neue Magistratsgebäude in der Kattowitzer Straße seiner Bestimmung übergeben werden konnte.

Das Rathaus am Ring ist 1945 leider den "Befreiern" unserer Stadt zum Opfer gefallen. Von dem total niedergebrannten und später abgetragenen Bauwerk ließ sich lediglich das Eisentor retten, das heute auf dem Roßberger Hyazinth-Gemeindefriedhof zu sehen ist.

Die Kreisbehörden hingegen amtierten im Gebäude in der Langestraße, Ecke Klosterplatz (der heutigen Berufsschule), wo später auch noch ein Teil des Magistrats unterkam. 1897 wurde ein neues Landratsamtsgebäude in Roßberg-Kluckowitz in der Friedenshütter Straße erbaut (inzwischen Zweigstelle des Oberschlesischen Museums).

Die Schulen

Eine Schule wird in Beuthen erstmals 1428 urkundlich erwähnt, natürlich eine zeittypische kirchliche Pfarrschule.

1816 wurde das alte Franziskanerkloster schulischen Zwecken zugeführt. Die evangelische Schule erhielt 1842 einen Neubau. Nach 1870 wurde an den Bau von neuen Objekten herangetreten, der Schule 1 (1872 Langestraße, inzwischen Berufssonderschule), der Schule 2 (1880 Kattowitzer Straße, inzwischen Handelsschule), der Schule 3 (1874, Nr. 3), der Schule 4 (1894. Nr. 4) und der Schule 5 (1904, Nr. 5, die einmal den Namen des verdienstvollen Bürgermeisters Brüning trug). Nach der Eingemeindung von Roßberg 1927 übernahm die Stadt auch die dortigen Schulen.

In den 20er, 30er Jahren entstanden die modernen Gebäude der heutigen Schulen Nr. 13 in der Gutenbergstraße (Gutenberg-Schule), Nr. 18 am Alten Tarnowitzer Weg (Herbert-Norkus-Schule) und Nr. 36 in der Holteistraße (Hans-Schemm-Schule).

Die Berufsschule durfte 1924 ihre neuen Räumlichkeiten in der Gräupnerstraße (heute Wirtschaftsschulkomplex) beziehen.

Erstmals mehr als nur den Volksschulabschluß ließ sich ab 1860 an der Mädchenschule der Armen Schulschwestern Unserer Lieben Frau erzielen (vorübergehend während des Kulturkampfes geschlossen). Sie befand sich in der Piekarer Straße im Gebäudekomplex der heutigen Medizinischen Schulen.

1867 hingegen entstand auch in Beuthen das erste klassische Gymnasium, das 1870 stolz auf sein eigenes neogotisches Schulhaus mit einer prächtigen Aula sein durfte (inzwischen Musikschule).

Ihm folgte 1895 die städtische Realschule, die 1906 in ihr Gebäude am Kaiserplatz (heute 4. Oberschule) umziehen konnte. Und 1929 wurde für das aus Tarnowitz nach Beuthen verlegte Realgymnasium das Schulhaus in der Ostlandstraße eingeweiht (1. Oberschule).
Gleichfalls nach Beuthen zog die Kattowitzer Staatliche Baugewerkschule um, die 1930 ihr Gebäude am Moltkeplatz erhielt (inzwischen Kfz-Mechanik-Berufsschule).

Künftige Lehrerinnen wurden im 1906 gegründeten Lehrerinnenseminar ausgebildet (Gebäude der heutigen Staatlichen Schulen für Bauwesen, 1911-1912). 1930 wurde es zur Pädagogischen Akademie aufgewertet und damit zur einzigen Hochschule in Beuthen und sogar im gesamten deutschen Oberschlesien.

Eine musikalische Ausbildung ließ sich im berühmten, 1910 gegründeten Cieplik-Konservatorium in der Bahnhofstraße 18 genießen.
In der Stadt existierte auch für die Gymnasialjugend, die später einmal Theologie zu studieren gedachte, ein Fürstbischöfliches Knabenkonvikt, das 1887 am Moltkeplatz entstand, 1900 jedoch in den Neubau Kurfürsten-, Hakubastraße verlegt wurde.

1932 öffnete auch ein polnisches Gymnasium im ehemaligen Redaktions- und Druckereigebäude des Blattes "Katolik", Kurfürstenstraße, seine Pforten (inzwischen Infektionskrankenhaus).

Das Kulturleben

Im Jahre 1910 wurde der Beuthener Geschichts- und Museumsverein zur Erforschung der Heimatgeschichte und Sammlung von stadtgeschichtlichen Exponaten für ein künftiges Museum gegründet. Er brachte sogar seine eigenen "Mitteilungen des Beuthener Geschichts- und Museumsvereins" heraus. Nach dem II. Weltkrieg wurde der Verein in Dortmund reaktiviert.

Schon bald nach der Vereinsgründung ließ sich das Beuthener Heimatmuseum in einem Gebäude eröffnen, das an der Stelle des heutigen "Gloria"-Kinos gestanden hat. 1930 erhielt es einen stattlichen Neubau am Moltkeplatz und durfte sich von jetzt ab auch Oberschlesisches Landesmuseum nennen. In seinen Beständen hatte es archäologische Fundbelege, naturkundliche, ethnographische und stadtgeschichtliche Exponate.

1938 wurden die Buchbestände der Oberschlesischen Landesbibliothek von Ratibor mit 90 000 Volumina nach Beuthen verlegt und gleichfalls im Oberschlesischen Landesmuseum untergebracht.

Auf der Grundlage von Vorläufern ließ sich 1937 auch das Oberschlesische Landesamt für Volkskunde gründen. Es besaß eine ansehnliche Bibliothek und Volksliedersammlung.

Bereits 1898 hatte sich die Beuthener Theater- und Konzerthausgesellschaft gebildet und sich vollends dem Bau dieser so wichtigen Einrichtungen in der Stadt verschrieben. Bereits zwei Jahre später, am 29. September 1900, hob sich im Beuthener Stadttheater erstmals der Vorhang zu Schillers "Jungfrau von Orleans". 1925 wurden die Bühnenensembles von Beuthen, Hindenburg und Gleiwitz unter einer Intendanz zusammengelegt. Im selben Jahr ließ sich im Rathaus auch die Gemäldegalerie eröffnen. Das Beuthener Paradebild war Karl Witteks Bildnis von Papst Pius XI. Nach der Einweihung des Oberschlesischen Landesmuseums wurden ihm sämtliche Gemäldebestände vermacht.

Aus Beuthen stammten der bekannte Komponist Heinrich Schulz-Beuthen (1838-1915), der Bildhauer Thomas Myrtek (1888-1935, von dem u.a. die Skulpturen an der Schule in der Gräupnerstraße stammen) und der Schriftsteller Bruno Arndt (1874-1922).

Das Sportgeschehen

Bereits 1868 entstand in der Stadt eines der ersten oberschlesischen Hallenbäder überhaupt. Es wurde im nicht mehr existierenden Gebäude der städtischen Wasserleitungen gegenüber dem heutigen Stadtamtsgebäude eingerichtet.

1881 folgte ihm ein Freibad im Stadtpark, das 1933 vergrößert und modernisiert wurde. Seit 1906 bestand der Schwimmverein "Poseidon".

1934 wurde der Bau des neuen, damals in ganz Oberschlesien größten und bis heute existierenden Hallenbades abgeschlossen.
Der berühmteste Beuthener Turnverein war der 1909 gegründete Spiel- und Sportverein 09, dessen Fußballmannschaft sich mehrfach den oberschlesischen Meistertitel holte.

1929 wurde in Beuthen die riesige Hindenburg-Kampfbahn, das derzeitige Stadion des SC Polonia, erbaut.

Der Stadtpark

Nach 1870 gingen die Beuthener daran, sich ihren Stadtpark anzulegen. Und der sollte aus der Promenade hervorgehen, um schon bald auch noch sein Freibad, seinen Tierpark (u.a. Affen und Bären) und seinen Gondelteich zu bekommen. Hier ließ es sich zwischen rauschenden Bächen lustwandeln oder das Alpinarium an der Liebeshöhe bewundern.

Im Stadtwald hingegen wurden Spaziergängerwege angelegt und das entzückende Waldschlößchen aufgestellt, zu dem die Beuthener gern an den Wochenenden wanderten.

Die Denkmäler

Das erste, am Beuthener Ring aufgestellte Denkmal galt den Gefallenen im Deutsch-Französischen Krieg 1870/71. Hierbei handelte es sich um ein Brunnendenkmal mit einem von Wasserfontänen umgebenen Sokkel, den ein Löwe zierte (vom schlesischen Bildhauer Teodor Kalide). 1933 wurde es auf den Reichspräsidentenplatz verlegt.

Das nächste Denkmal würdigte den Eisernen Kanzler, Otto Fürst von Bismarck. Es wurde 1908 im Stadtpark aufgestellt. 1910 hingegen enthüllte Kaiser Wilhelm II. persönlich bei seinem Beuthenbesuch das Denkmal für Friedrich den Großen auf dem Kaiserplatz.

Nach dem I. Weltkrieg sollten noch viele Kriegerdenkmäler für die Gefallenen an sämtlichen Fronten hinzukommen, so 1924 eines in Roßberg (Bismarck-, und Küperstraße). 1925 wurde auch den Gefallenen des Selbstschutzes in den Schlesischen Aufständen mit einem Denkmal gedacht.

Nach Hitlers Machtübernahme 1933 wurde die Schrotholzkirche im Stadtpark zur Gedenkstätte für sämtliche Beuthener Gefallenen im I. Weltkrieg umfunktioniert und ein Horst-Wessel Brunnendenkmal vor dem heutigen Stadtamt aufgestellt.

*Aus dem Polnischen von
Wolfgang Jöhling*

BYTOM - spis ulic (1937 r.)

A

Akacjowa	Akazienweg
Akademicki Pl.	Reichspräsidentenplatz
Alojzjanów	Elsterbergstraße
Axentowicza T.	Kalidestraße

B

Św. Barbary Pl.	Barbaraplatz
Batorego S.	Virchowstraße
Bema J.	Wertherweg
Browarniana	Braustraße
Brzezińska	Birkenhainer Straße

C

Chełmońskiego J.	Schaffgotschstraße
Chłodna	Schlachthofstraße
Chopina F.	Franz-Schubert-Straße
Chorzowska	Königshütter Landstraße
Chrobrego B.	Gräupnerstraße
Chrzanowskiego I.	Parkstraße
Cicha	Faustweg
Czarnieckiego S.	Wilhelmstraße

D

Didura A.	Goethestraße
Drzymały M.	Brüningstraße
Dworcowa	Bahnhofstraße
Dworska	Neuhofstraße

E

Estreichera K.	Kantstraße

F

Fałata J.	Stephanstraße
Floriańska	Florianstraße
Fredry A.	Zeppelinstraße

G

Gallusa J.	Rokokostraße
Gliwicka	Gleiwitzer Straße
Głęboka	Tiefe Gasse
Grabowa	Birkenweg
Grottgera A.	Gabelsbergerstraße
Grunwaldzki Pl.	Friedrich-Wilhelm-Ring
Gwarecka	Knappenstraße

H

Hajdy W.	An der Rudolfgrube

J

Jagiellońska	Hohenzollernstraße
Jainty J.	Tarnowitzer Straße
Janasa W.	Opitzstraße
Jaronia J.	Siedlungstraße
Jaworowa	Rotdornweg
Jodłowa	Blücherweg
Józefczaka A.	Lange Straße

BEUTHEN O/S Straßenverzeichnis (1937)

A

Ahornweg	Klonowa
Akazienweg	Akacjowa
Alte Straße	Staromiejska
Alter Tarnowitzer Weg	Tarnogórska
Am Bahnhof	Wolskiego M. Pl.
Am Margarethenhügel	Małgorzatki
Am Stadion	Piłkarska
Am Walde	Leśna
An der Rudolfgrube	Hajdy W.

B

Bahnhofstraße	Dworcowa
Barbaraplatz	Św. Barbary Pl.
Barbarastraße	Św. Kingi
Bäckerstraße	(existiert nicht mehr)
Bergstraße	Miarki K.
Beuthener Mühle	Młyńska
Birkenhainer Straße	Brzezińska
Birkenweg	Grabowa
Bismarckstraße	Piłsudskiego J.
Blücherweg	Jodłowa
Braustraße	Browarniana
Breite Straße	Żeromskiego S.
Brüningstraße	Drzymały M.
Buddestraße	Towarowa

D

Damaschkeweg	Kasprowicza J.
Dietrich-Eckart-Straße	Kazimierza Wielkiego
Donnersmarckstraße	Orląt Lwowskich
Dorotheenweg	Mikołaja

E

Egmontweg	Kołobrzeska
Eichendorffstraße	Olejniczaka S.
Elsterbergstraße	Alojzjanów

F

Faustweg	Cicha
Feldstraße	Żołnierza Polskiego
Fichtestraße	Ligęzy J.
Fiedlersglückstraße	Kruszcowa
Fleischerstraße	Rzeźnicza
Florianstraße	Floriańska
Flurstraße	Sienna
Fortunastraße	Reymonta W.
Franz-Schubert-Straße	Chopina F.
Friedenshütter Straße	Korfantego W.
Friedhofweg	Staffa L.
Friedrichstraße	Mickiewicza A.
Friedrich-Wilhelm-Ring	Grunwaldzki Pl.

G

Gabelsbergerstraße	Grottgera A.
Gartenstraße	Powstańców Warszawskich
General-Höfer-Weg	Żółkiewskiego S.

K

Kachla F.	Schulstraße
Kasprowicza J.	Damaschkeweg
Katowicka	Kattowitzerstraße
Kazimierza Wielkiego..	Dietrich-Eckart-Straße
Kędzierzyńska	Heydebreckstraße
Św. Kingi	Barbarastraße
Klasztorny Pl.	Klosterplatz
Klonowa	Ahornweg
Kochanowskiego J.	Gieschestraße
Kolejowa	Humboldtstraße
Kołobrzeska	Egmontweg
Konopnickiej M.	Paul-Keller-Straße
Kopalniana	Grubenstraße
Korfantego W.	Friedenshütter Straße
Kossaka J.	Haldenstraße
Kościelna	Kirchstraße
Kościuszki T. Pl.	Kaiser-Franz-Josef-Platz
Koziołka K. ks.	Pfarrstraße
Krakowska	Krakauer Straße
Kraszewskiego J.	Hakubastraße
Krawiecka'.	Schneiderstraße
Królowej Jadwigi	Lückerstraße
Krucza	Sadowastraße
Kruszcowa	Fiedlersglückstraße
Kwiatowa	Ludwigsfreudeweg
Kwietniewskiego J.	Kreuzstraße

L

Legionów Al.	Kurfürstenstraße
Leśna	Am Walde
Ligęzy J.	Fichtestraße
Ligonia J.	Schirmeisenstraße
Lwowskich Dzieci	Verbindungsstraße

Ł

Łagiewnicka	Hohenlinder Landstraße
Łączna	Hermannweg
Łużycka	Saarlandstraße

M

Malczewskiego J.	Hermann-Löns-Weg
Małgorzatki	Am Margarethenhügel
Mariacka	Marienstraße
Matejki J.	Küperstraße
Miarki K.	Bergstraße + Hubertusstraße
Mickiewicza A.	Friedrichstraße + Helenenweg
Miętkiewicza P.	Glückaufstraße
Mikołaja	Dorotheenweg
Miodowa	Götzweg
Młyńska	Beuthener Mühle
Moniuszki S.	Gymnasialstraße
Murarska	Mauerstraße
Musialika F.	Roßberger Straße
Myśliwca F.	Rückertweg

N

Nawrata F. ks.	Solgerstraße
Okulickiego L.	Ludendorffstraße
Nowy Dwór Kopalnia	Neuhofgrube

Gerichtstraße	Sądowa
Gieschestraße	Kochanowskiego J.
Gleiwitzer Straße	Gliwicka
Glückaufstraße	Szczęść Boże + Miętkiewicza P.
Goethestraße	Didura A.
Götzweg	Miodowa
Goßlerweg	(existiert nicht mehr)
Gramerstraße	Tramwajarzy
Gräupnerstraße	Webera S. + Chrobrego B.
Großfeldstraße	Odrzańska
Grubenstraße	Kopalniana
Gustav-Freytag-Straße	Oświęcimska
Gutenbergstraße	Powstańców Śląskich
Günter-Wolf-Straße	Zygmunta Starego
Gymnasialstraße	Moniuszki S.

H

Hakubastraße	Kraszewskiego J.
Haldenstraße	Kossaka J.
Hans-Sachs-Weg	Rejtana T.
Hedwigweg	Zielona
Heinitzweg	(existiert nicht mehr)
Helenenweg	Mickiewicza A.
Hermannweg	Łączna
Hermann-Löns-Weg	Malczewskiego J.
Heydebreckstraße	Kędzierzyńska
Hindenburgstraße	Wrocławska
Hintergasse	(existiert nicht mehr)
Hohenlinder Landstraße	Łagiewnicka
Hohenzollernstraße	Jagiellońska
Holteistraße	Pułaskiego K.
Hospitalstraße	Strażacka
Hubertusstraße	Miarki K.
Humboldtstraße	Kolejowa

I

Im Stadtpark	Parkowa
Im Westfeld	Zachodnia
Industriestraße	Przemysłowa
Iserbachstraße	Rostka J.

J

Jahnstraße	Olimpijska
Johann-Georg-Straße	Wyczółkowskiego L.

K

Kaiser-Franz-Josef-Platz..	Kościuszki T. Pl.
Kaiserstraße	Piastów Bytomskich
Kalidestraße	Axentowicza T.
Kameradschaftsteg	Towarzyska
Kantstraße	Estreichera K.
Kapellenweg	Słoneczna
Kardinal-Kopp-Platz	Rodła Pl.
Karlstraße	Wesoła
Kasernenstraße	Smolenia J.
Kattowitzerstraße	Katowicka
Keithweg	Ułańska
Kirchstraße	Kościelna
Kleinbahnstraße	Reja M.
Kleinfeldstraße	Wallisa Ł.

O

Odrzańska .... Großfeldstraße
Olejniczaka S. .... Eichendorffstraße
Olimpijska.................... Jahnstraße
Orląt Lwowskich .... Donnersmarckstraße
Orzeszkowej E. .... Uhlandweg
Oświęcimska .... Gustav-Freytag-Straße

P

Parkowa .... Im Stadtpark
Piastów Bytomskich ..... Kaiserstraße
Piekarska.......................Poststraße
Piłkarska..................... Am Stadion
Piłsudskiego J. .... Bismarckstraße
Podgórna .... Schießhausstraße
Powstańców Śląskich ... Gutenbergstraße
Powst. Warszawskich.... Gartenstraße
Północna..................... Nordweg
Prusa B. .... Redenstraße
Przechodnia................. Schwibbogengasse
Przemysłowa .... Industriestraße
Pszczyńska .... Pleßer Straße
Pułaskiego K. .... Holteistraße

R

Reja M. .... Kleinbahnstraße
Rejtana T..................... Hans-Sachs-Weg
Reymonta W. .... Fortunastraße
Rodła Pl. .... Kardinal-Kopp-Platz
Rodziewiczówny M...... Urbanekstraße
Rostka J...................... Iserbachstraße
Rycerska..................... Ritterstraße
Rynek .... Ring
Rzeźnicza.................... Fleischerstraße

S

Sandomierska.............. Sedanstraße
Sądowa....................... Gerichtstraße
Siemianowicka .... Laurahütter Landstraße
Siemiradzkiego H........ Wermundstraße
Słowiański Pl............... Wilhelmplatz
Sienna......................... Flurstraße
Składowa..................... Lagerplatzstraße
Skłodowskiej-Curie M. Körnerstraße
Słoneczna.................... Kapellenweg
Słowiański Pl............... Wilhelmplatz
Smolenia J................... Kasernenstraße
Sobieskiego J. Pl. .... Moltkeplatz
Sokoła .... Neue Straße
Solskiego L. .... Schillerstraße
Staffa L....................... Friedhofweg
Staromiejska................ Alte Straße
Stawowa...................... Teichstraße
Strażacka.................... Hospitalstraße
Strzelców Bytomskich.. Ostlandstraße
Szafranka J. ks. .... Reitzensteinstraße
Szczęść Boże............... Glückaufstraße
Szymanowskiego K...... Klosterstraße

T

Targowa .... Synagogengasse
Tarnogórska .... Alter Tarnowitzer Weg

Klosterplatz................. Klasztorny Pl.
Klosterstraße................ Szymanowskiego K.
Knappenstraße .... Gwarecka
Königshütter Landstraße.. Chorzowska
Körnerstraße .... Skłodowskiej-Curie M.
Krakauer Straße .... Krakowska
Kreuzstraße................. Kwietniewskiego J.
Kurfürstenstraße.......... Legionów Al.
Küperstraße................. Matejki J.

L

Lagerplatzstraße........... Składowa
Lange Straße .... Józefczaka A.
Laurahütter Landstraße .... Siemianowicka
Lindenstraße .... Woźniaka P.
Ludendorffstraße.......... Niedźwiadka-Okulickiego
Ludwigsfreudeweg.......... Kwiatowa
Lückerstraße .... Królowej Jadwigi

M

Marienstraße .... Mariacka
Mauerstraße .... Murarska
Moltkeplatz................. Sobieskiego J. Pl.

N

Neue Straße................. Sokoła
Neuhofgrube .... Nowy Dwór Kopalnia
Neuhofstraße............... Dworska
Nordweg .... Północna

O

Opitzstraße.................. Janasa W.
Ostlandstraße .... Strzelców Bytomskich

P

Pappelweg................... Topolowa
Parkstraße .... Chrzanowskiego I.
Paul-Keller-Straße .... Konopnickiej M.
Pfarrstraße................... Koziołka K. ks.
Pleßer Straße............... Pszczyńska
Pilkermühle................. Zabrzańska
Poststraße.................... Piekarska

R

Redenstraße .... Prusa B.
Reichspräsidentenplatz .... Akademicki Pl.
Reitzensteinstraße .... Szafranka J. ks.
Ring .... Rynek
Ritterstraße.................. Rycerska
Rokokostraße .... Gallusa J.
Rosengasse.................. Zaułek
Roßberger Straße .... Musialika F.
Rotdornweg.................. Jaworowa
Rückertweg.................. Myśliwca F.

S

Saarlandstraße.............. Łużycka
Sadowastraße .... Krucza
Sedanstraße................. Sandomierska
Siedlungstraße.............. Jaronia J.
Solgerstraße .... Nawrata F. ks.

Topolowa	Pappelweg
Towarowa	Buddestraße
Towarzyska	Kameradschaftsteg
Tramwajarzy	Gramerstraße

U

Ułańska	Keithweg

W

Wallisa Ł.	Kleinfeldstraße
Wałowa	Wallstraße
Webera S.	Gräupnerstraße
Wesoła	Karlstraße
Witczaka S.	Scharleyer Straße
Wolskiego M. Pl.	Am Bahnhof
Woźniaka P.	Lindenstraße +
	Schlageterstraße
Wrocławska.................	Hindenburgstraße
Wyczółkowskiego L.....	Johann-Georg-Straße
Wyspiańskiego S..........	Wermundstraße

Z

Zabrzańska	Pilkermühle
Zachodnia....................	Im Westfeld
Zamenhofa L.	Steinstraße
Zaułek	Rosengasse
Zielona	Hedwigweg
Zygmunta Starego	Günter-Wolf-Straße

Ż

Żeromskiego S.	Breite Straße
Żołnierza Polskiego......	Feldstraße
Żółkiewskiego S..........	General-Höfer-Weg

Synagogengasse	Targowa
Schaffgotschstraße	Chełmońskiego J.
Scharleyer Straße	Witczaka S.
Schießhausstraße.............	Podgórna
Schillerstraße	Solskiego L.
Schirmeisenstraße	Ligonia J.
Schlachthofstraße............	Chłodna
Schlageterstraße..............	Woźniaka P.
Schneiderstraße...............	Krawiecka
Schulstraße......................	Kachla F.
Schwibbogengasse	Przechodnia
Steinstraße	Zamenhofa L.
Stephanstraße..................	Fałata J.

T

Tarnowitzer Straße...........	Jainty J.
Teichstraße......................	Stawowa
Tiefe Gasse	Głęboka

U

Uhlandweg.......................	Orzeszkowej E.
Urbanekstraße	Rodziewiczówny M.

V

Verbindungsstraße	Lwowskich Dzieci
Virchowstraße.................	Batorego S.

W

Wallstraße.......................	Wałowa
Wermundstraße................	Wyspiańskiego S. +
	Siemiradzkiego H.
Wertherweg.....................	Bema J.
Wilhelmplatz...................	Słowiański Pl.
Wilhelmstraße.................	Czarnieckiego S.

Z

Zeppelinstraße.................	Fredry A.

ILUSTRACJE
ILLUSTRATIONEN

Kopalnia galmanu Fortuna na Rozbarku (przy późniejszej Birkenhainerstraße - obecnie ul. Brzezińska), 1860 r.
Fortuna-Galmeigrube in Roßberg (in der späteren Birkenhainerstraße - jetzt ul. Brzezińska), 1860

Zachodnia pierzeja Rynku z ratuszem, ok. 1880 r.
Ring-Westseite und Rathaus, um 1880

Wylot Schießhausstraße (obecnie ul. Podgórna) do Rynku, 1910 r.
Einmündung der Schießhausstraße (heute ul. Podgórna) zum Ring, 1910

Rynek, pośrodku pomnik poległych w wojnie francusko-pruskiej 1870/71 odsłonięty w 1873 r., ok. 1910 r.
Ring, in der Mitte Denkmal der Gefallenen im französisch-preußischen Krieg 1870/71 aus dem Jahre 1873, um 1910

Kościół Najświętszej Maryi Panny, ok. 1910 r.
St. Marienkirche, um 1910

Kaiserplatz (obecnie Pl. Sikorskiego), na pierwszym planie pomnik króla Fryderyka Wielkiego, ok. 1913 r.
Kaiserplatz (heute Pl. Sikorskiego), im Vordergrund-Denkmal Friedrichs des Großen, um 1913

Kościół ewangelicki (obecnie franciszkański św. Wojciecha) na Klosterplatz (obecnie pl. Klasztorny). Na pierwszym planie areszt policyjny (zbudowano tu później Urząd Pracy - obecny Zespół Szkół Elektryczno-Elektronicznych), ok. 1900 r.
Evangelische Kirche (jetzt Franziskanerkirche St.Adalbert) am Klosterplatz (heute pl. Klasztorny). Im Vordergrund das Polizeigefängnis (später wurde hier ein Arbeitsamt erbaut - heute Elektroschule), um 1900

Kaiserplatz (obecnie Pl. Sikorskiego), ok. 1905 r.
Kaiserplatz (heute Pl. Sikorskiego), um 1905

Teatr Miejski (obecnie Opera Śląska), ok. 1910 r.
Das Stadttheater (heute Schlesische Oper), um 1910

Teatr Miejski przy Gymnasialstraße (obecnie Opera Śląska przy ul. Moniuszki), ok. 1910 r.
Das Stadttheater in der Gymnasialstraße (heute Schlesische Oper in der ul. Moniuszki), um 1910

Dworzec Kolei Prawoodrzańskiej i wieża ciśnień przy Gartenstraße (obecnie ul. Powstańców
Warszawskich), 1899 r.
Bahnhof der Rechte-Oder-Ufer-Eisenbahn und Wasserturm an der Gartenstraße (heute ul. Powstańców
Warszawskich), 1899

Dworzec Kolei Górnośląskiej, ok. 1885 r.
Bahnhof der Oberschlesischen Eisenbahn, um 1885

Kirchstraße 4 (obecnie ul. Kościelna), ok. 1930 r.
Kirchstraße 4, (heute ul. Kościelna), um 1930

Bahnhofstr. 29 (obecnie ul. Dworcowa 24), 1912 r.
Bahnhofstr. 29 (heute ul. Dworcowa 24), 1912

Boulevard (obecnie Pl. Kościuszki), 1905 r.
Boulevard (heute Pl. Kościuszki), 1905

Sąd grodzki i okręgowy (obecnie Sąd Rejonowy), ok. 1900 r.
Amts- und Landgericht (heute Bezirksgericht), um 1900

Kościół Św. Ducha na Krakauerstraße (obecnie ul. Krakowska), ok. 1936 r.
Die Hl.Geist Kirche in der Krakauerstraße (heute ul. Krakowska), um 1936

Beuthen, Oberschles. Kaiserplatz mit Adolf-Hitler-Oberrealschule

Kaiserplatz (obecnie Pl. Sikorskiego), ok. 1933 r.
Kaiserplatz (heute Pl. Sikorskiego), um 1933

Północna pierzeja Boulevard (obecnie pl. Kościuszki), ok. 1900 r.
Boulevard - Nordseite (heute pl. Kościuszki), um 1900

Boulevard (obecnie Pl. Kościuszki), 1900 r.
Boulevard (heute Pl. Kościuszki), 1900

Moltkeplatz (obecnie Pl. Sobieskiego), w głębi stare koszary, ok. 1915 r.
Moltkeplatz (heute Pl. Sobieskiego), im Hintergrund die alte Kaserne, um 1915

Tzw. Góra Miłości w parku miejskim, 1915 r.
Sog. Liebeshöhe im Stadtpark, 1915

Młyn Pielki, ok. 1900 r.
Pilkermühle, um 1900

Mauerstraße (obecnie ul. Murarska), 1929 r.
Mauerstraße (heute ul. Murarska), 1929

Towarzystwo śpiewacze „Liedertafel", 1898 r.
Gesangverein „Liedertafel", 1898

Członkowie Bractwa Kurkowego, ok. 1860 r.
Mitglieder des Schützenvereines, um 1860

Pierwsze wyniki plebiscytu na Górnym Śląsku - przed redakcją „O/S Grenzzeitung", 1921 r.
Die erste Plebiszitresultate - vor der Geschäftsstelle der „O/S Grenzzeitung", 1921

Grupa powstańców śląskich z Rozbarku, 1921 r.
Polnische Aufständische aus Roßberg, 1921

Członkowie Selbstschutzu z Bytomia, 1921 r.
Selbstschutzkämpfer aus Beuthen, 1921

Kondukt pogrzebowy francuskiego majora Montalegre na Rynku, 1921r.
Der Leichenzug des französischen Majors Montalegre auf dem Ring, 1921

Niemiecko-polskie przejście graniczne na Königshütter Landstraße (obecnie ul.Chorzowska), ok. 1924 r.
Deutsch-polnischer Grenzübergang auf der Königshütter Landstraße (heute ul.Chorzowska), um 1924

Niemiecki urząd celny przy drodze ze Stolarzowic do Suchej Góry, ok. 1925 r.
Deutsches Zollamt auf der Straße von Stollarzowitz nach Trockenberg, um 1925

Zdjęcie lotnicze starego miasta od wschodu, 1929 r.
Luftaufnahme der Altstadt von Osten, 1929

Zdjęcie lotnicze Kaiserplatz (obecnie Pl. Sikorskiego) i rejonu starego miasta od południa, 1929 r.
Luftaufnahme vom Kaiserplatz (heute Pl. Sikorskiego) und Altstadtbezirk von Süden, 1929

Zdjęcie lotnicze Rozbarku - pośrodku kościół św. Jacka, 1929 r.
Luftaufnahme von Roßberg - in der Mitte die St. Hyazinthkirche, 1929

Zdjęcie lotnicze kościoła św. Barbary, 1929 r.
Luftaufnahme der St. Barbarakirche, 1929

Rynek, ok. 1935 r.
Ring, um 1935

Widok na Rynek spod Ratusza, ok. 1936 r.
Blick zum Ring vom Rathaus aus, um 1936

Rynek z Ratuszem i stacją benzynową, ok. 1940 r.
Ring mit Rathaus und Tankstelle, um 1940

Budynek urzędów miejskich (obecnie szkoła zawodowa) przy Langestraße 39 (obecnie ul. Józefczaka),
ok. 1936 r.
Stadthaus (jetzt Berufsschule) in der Langestraße 39 (heute ul. Józefczaka), um 1936

Rynek, ok. 1933 r.
Ring, um 1933

7176

Południowo-wschodni narożnik Rynku, ok. 1935 r.
Ring-Südwestecke, um 1935

Podwórze domu przy Langestraße 45 (obecnie ul. Józefczaka), 1937 r.
Hof in der Langestraße 45 (heute ul. Józefczaka), 1937

Widok na kościół ewangelicki (obecnie katolicki św. Wojciecha) z posesji Przyklinga, ok. 1936 r.
Blick auf die evangelische Kirche (jetzt katholische St. Adalbert) von Przykling'schen Gehöft aus, um 1936

Tzw. Taras Brühla przy Klosterplatz (obecnie Pl. Klasztorny), w głębi kościół ewangelicki (obecnie katolicki św. Wojciecha), ok. 1935 r.
Brühlsche Terrasse am Klosterplatz (heute Pl. Klasztorny), im Hintergrund die evangelische Kirche (heute katholische St. Adalbert), um 1935

Tarnowitzerstraße (obecnie ul. Jainty), ok. 1936 r.
Tarnowitzerstraße (heute ul. Jainty, um 1936

Gräupnerstraße (obecnie ul. Webera) ze szkołą zawodową (obecnie Zespół Szkół Ekonomicznych),
ok. 1936 r.
Gräupnerstraße (heute ul. Webera) mit der Berufsschule (jetzt ökonomische Schule), um 1936

Mauerstraße (obecnie ul. Murarska) z widokiem na stary browar miejski, ok. 1936 r.
Mauerstraße (heute ul. Murarska) mit Blick zur Alten Stadtbrauerei, um 1936

Poczta główna na Poststraße (obecnie ul. Piekarska) ok. 1936 r.
Hauptpostamt in der Poststraße (heute ul. Piekarska), um 1936

Widok z Kirchstraße (obecnie ul. Kościelna) na synagogę przy Friedrich-Wilhelm-Ring (obecnie pl. Grunwaldzki), ok. 1936 r.
Blick von der Kirchstraße (heute ul. Kościelna) zur Synagoge am Friedrich-Wilhelm-Ring (heute pl. Grunwaldzki), um 1936

Widok z Moltkeplatz (obecnie Pl. Sobieskiego) na Schießhausstraße (obecnie ul. Podgórna), ok. 1936 r.
Blick vom Moltkeplatz (heute Pl. Sobieskiego) zur Schießhausstraße, um 1936

Bismarckstraße (obecnie ul. Piłsudskiego), ok. 1936 r.
Bismarckstraße (heute ul. Piłsudskiego), um 1936

Moltkeplatz (obecnie pl. Sobieskiego) od północy, ok. 1936 r.
Moltkeplatz (heute Plac Sobieskiego) von Norden, um 1936

Widok na Gleiwitzerstraße (obecnie ul. Gliwicka) od zachodu, ok. 1936 r.
Die Gleiwitzerstraße (heute ul. Gliwicka) von Westen, um 1936

Widok z Gleiwitzerstraße (obecnie ul. Gliwicka) na Adolf-Hitler-Platz (obecnie Pl. Kościuszki), ok. 1936 r.
Blick von der Gleiwitzerstraße (heute ul. Gliwicka) zum Adolf-Hitler-Platz (heute Pl. Kościuszki), um 1936

Widok na Kaiser Franz-Joseph-Platz (obecnie pl. Kościuszki) od zachodu, ok. 1936 r.
Blick zum Kaiser Franz-Joseph-Platz (heute Pl. Kościuszki) von Westen, um 1936

Widok z Adolf-Hitler-Platz (obecnie Pl. Kościuszki) na budynek sądu, ok. 1936 r.
Blick vom Adolf-Hitler-Platz (heute Pl. Kościuszki) auf das Gerichtsgebäude, um 1936

Kaiser-Franz-Joseph Platz (obecnie Pl. Kościuszki), ok. 1924 r.
Kaiser-Franz-Joseph Platz (heute Pl. Kościuszki), um 1924

Kaiser-Franz-Joseph-Platz (obecnie pl. Kościuszki), ok. 1932 r.
Kaiser-Franz-Joseph-Platz (heute pl. Kościuszki), um 1932

Widok na Bahnhofstraße (obecnie ul. Dworcowa) od północy, ok. 1936 r.
Die Bahnhofstraße (heute ul. Dworcowa) von Norden, um 1936

Bahnhofstraße (obecnie ul. Dworcowa) i dworzec kolejowy, ok. 1930 r.
Bahnhofstraße (heute ul. Dworcowa) und Bahnhof, um 1930

Dworzec kolejowy, ok. 1932 r.
Bahnhof, um 1932

Kaiser-Franz-Joseph Platz 4 (obecnie Pl. Kościuszki), ok. 1924 r.
Kaiser-Franz-Joseph Platz 4 (heute Pl. Kościuszki), um 1924

Bahnhofstraße (obecnie ul. Dworcowa) od północy, 1924 r.
Bahnhofstraße (heute ul. Dworcowa) von Norden, 1924

Kaiser-Franz-Josef Platz (obecnie Pl. Kościuszki), ok. 1930 r.
Kaiser-Franz-Josef Platz (heute Pl. Kościuszki), um 1930

Handlarze węglem na Hospitalstraße (obecnie ul. Strażacka), ok. 1936 r.
Kohlenhändler auf der Hospitalstraße (heute ul. Strażacka), um 1936

Rozbiórka starego konwiktu męskiego (internatu) na Moltkeplatz (obecnie Pl. Sobieskiego), 1932 r.
Abbruch des alten Knabenkonviktes am Moltkeplatz (heute Pl. Sobieskiego), 1932

Skrzyżowanie Tarnowitzerstraße i Poststraße (obecnie ul. Wrocławska i Piekarska), ok. 1936 r.
Kreuzung der Tarnowitzerstraße und Poststraße (heute ul. Wrocławska und Piekarska), um 1936

Gimnazjum polskie (obecnie szpital zakaźny), ok. 1935 r.
Polnisches Gymnasium (heute Infektionskrankenhaus), um 1935

Gimnazjum realne przy Tarnowitzer Chaussee (obecnie I LO przy ul. Strzelców Bytomskich), ok. 1930 r.
Das Realgymnasium in der Tarnowitzer Chaussee (heute Allgemeinbildende Oberschule Nr. 1 in der ul. Strzelców Bytomskich), um 1930

Górnośląskie Muzeum Krajowe przy Moltkeplatz (obecnie siedziba Muzeum Górnośląskiego przy pl. Jana III Sobieskiego), ok. 1938 r.
Oberschlesisches Landesmuseum am Moltkeplatz (heute Sitz des Oberschlesischen Museums am pl.Jana III Sobieskiego), um 1938

Ośrodek rehabilitacji inwalidów przy Kurfürstenstraße (obecnie Szpital Górniczy przy al. Legionów),1914r.
Krüppelheim in der Kurfürstenstraße (heute Bergarbeiterkrankenhaus in der al. Legionów), 1914

Wilhelmsplatz (obecnie Pl. Słowiański), kościół św. Barbary i Akademia Pedagogiczna (obecnie Państwowe
Szkoły Budownictwa), ok. 1933 r.
Wilhelmsplatz (heute Pl. Słowiański), St.Barbarakirche und Pädagogische Akademie (jetzt Staatl.
Bauschule), um 1933

Prezydium policji (obecnie Śląska Akademia Medyczna) na Reichspräsidentenplatz (obecnie pl. Akademicki). Przed budynkiem pomnik poległych w wojnie francusko-pruskiej 1870/71 przeniesiony z Rynku, ok. 1936 r.
Polizeipräsidium (heute Schlesische Medizinische Akademie) am Reichspräsidentenplatz (heute pl. Akademicki). Vor dem Gebäude das vom Ring verlegte Denkmal der Gefallenen im französisch - preußischen Krieg 1870/71, um 1936

Widok miasta od północy, na pierwszym planie kościół św. Barbary, ok. 1930 r.
Stadtansicht von Norden, im Vordergrund die St.Barbarakirche, um 1930

*Wyższa szkoła kształcenia nauczycieli (dawniej Akademia Pedagogiczna) - obecnie Państwowe Szkoły
Budownictwa, ok. 1938 r.*
Hochschule für Lehrerbildung (vorm. Pädagogische Akademie) - heute Staatliche Bauschule, um 1938

Dom Związku Strzeleckiego (obecnie Śląski Teatr Tańca), ok. 1930 r.
Schützenhaus (heute Schlesisches Tanztheater), um 1930

Szpital miejski na Breitestraße (obecnie ul. Żeromskiego), ok. 1936 r.
Städtisches Krankenhaus in der Breitestraße (heute ul. Żeromskiego), um 1936

Neue Straße (obecnie ul. Sokoła), ok. 1925 r.
Neue Straße (heute ul. Sokoła), um 1925

Widok z Haldenstraße (obecnie ul. Kossaka) na kościół św. Jacka, ok. 1936 r.
Blick von der Haldenstraße (heute ul. Kossaka) zur St. Hyazinthkirche, um 1936

Hindenburgstraße (obecnie ul. Wrocławska) z wiaduktem kolei prawoodrzańskiej, 1930 r.
Hindenburgstraße (heute ul. Wrocławska) mit der Rechte-Oder-Ufer-Eisenbahnbrücke, 1930

Dawna łaźnia miejska przy Hindenburgstraße (ul. Wrocławska - obok obecnego Urzędu Miejskiego), ok. 1920 r.
Ehem. Stadtbad in der Hindenburgstraße (heute ul. Wrocławska - an jetzigem Stadtamt), um 1920

Hindenburgstraße (obecnie ul. Wrocławska) w pobliżu kąpieliska miejskiego, ok. 1936 r.
Hindenburgstraße (heute ul. Wrocławska) beim Stadtbad, um 1936

Kąpielisko miejskie, ok. 1940 r.
Stadtbad, um 1940

Kryty basen w kąpielisku miejskim, ok. 1940 r.
Das Hallenbad in der Städtischen Badeanstalt, um 1940

Fontanna w parku miejskim, ok. 1935 r.
Springbrunnen im Stadtpark, um 1935

Kościółek drewniany w parku miejskim, ok. 1930 r.
Die Schrotholzkirche im Stadtpark, um 1930

Staw gondolowy w parku miejskim (obecnie teren otwartego kąpieliska), ok. 1915 r.
Gondelteich im Stadtpark (heute Freibadgelände), um 1915

Beuthen O.-S. Blick von der Rodelbahn im Stadtpark.

Widok miasta od strony parku, ok. 1935 r.
Stadtansicht vom Stadtpark aus, um 1935

Kąpielisko otwarte w parku miejskim, ok. 1936 r.
Freischwimmbad im Stadtpark, um 1936

Staw Łabędzi w parku miejskim, ok. 1936 r.
Schwanenteich im Stadtpark, um 1936

Kościół Najświętszego Serca Pana Jezusa na Holteistraße (obecnie ul. Pułaskiego), ok. 1936 r.
Die Herz-Jesu-Kirche in der Holteistraße (heute ul. Pułaskiego), um 1936

Beuthen, Oberschles. Hans Schemm Schule

Szkoła Powszechna im. Hansa Schemma przy Holteistraße (obecnie Szkoła Podstawowa nr 36 przy ul. Pułaskiego), ok. 1938 r.
Hans-Schemm-Schule in der Holteistraße (heute Grundschule Nr. 36 in der ul. Pułaskiego), um 1938

Pomnik górnika odsłonięty w 1935 r. na terenie kopalni węgla kamiennego Karsten Centrum (obecnie kopalnia Centrum-Szombierki), ok. 1937 r.
Bergmannsdenkmal auf dem Gelände der Karsten Centrum Grube, erbaut 1935 (heute KWK Centrum-Szombierki), um 1937

Kopalnia Karsten Centrum (obecnie Centrum), ok. 1930 r.
Die Karsten Centrum Grube (heute Centrum), um 1930

Kopalnia rud cynku i ołowiu Deutsch Bleischarley (obecnie ZGH Orzeł Biały), ok. 1930 r.
Deutsch-Bleischarleygrube (heute ZGH Orzeł Biały), um 1930

Kopalnia rud cynku i ołowiu Deutsch Bleischarley (obecnie ZGH Orzeł Biały), ok. 1930 r.
Deutsch-Bleischarleygrube (heute ZGH Orzeł Biały), um 1930

Kopalnia Gräfin Johanna (obecnie Bobrek) pod ziemią, ok. 1930 r.
Gräfin Johanna Grube (heute Bobrek) unter Tage, um 1930

Kopalnia Węgla Kamiennego Hohenzollern (obecnie Szombierki), ok. 1920 r.
Hohenzollerngrube (heute Szombierki), ok. 1920

Kopalnia węgla kamiennego Hohenzollern (obecnie Szombierki), ok. 1925 r.
Hohenzollerngrube (heute Szombierki), um 1925

Kopalnia węgla kamiennego Hohenzollern (obecnie Szombierki), ok. 1930 r.
Hohenzollerngrube (heute Szombierki), um 1930

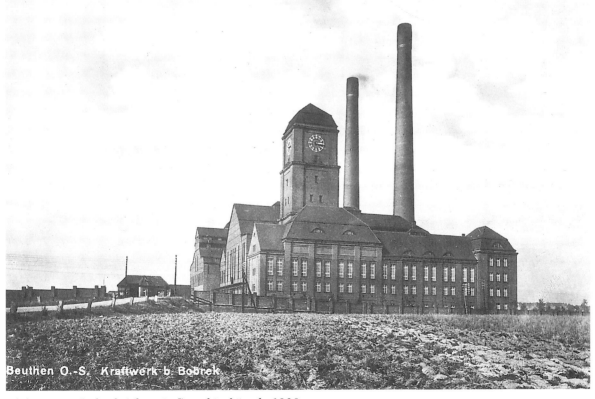

Elektrownia Bobrek (obecnie Szombierki), ok. 1930 r.
Kraftwerk Bobrek (heute Szombierki), um 1930

Modlitwa górników przed ołtarzem św. Barbary w kopalni Gräfin Johanna (obecnie Bobrek), ok. 1930 r.
Bergmannsandacht vor dem St. Barbara Altar in der Gräfin Johannagrube (heute Bobrek), um 1930

Kopalnia Gräfin Johanna (obecnie Bobrek) pod ziemią, ok. 1930 r.
Gräfin Johanna Grube (heute Bobrek) unter Tage, um 1930

Brama kopalni Gräfin Johanna (obecnie Bobrek), ok. 1930 r.
Eingangstor der Gräfin Johannagrube (heute Bobrek), um 1930

Zbieranie węgla na hałdzie kopalni Beuthen (obecnie KWK Powstańców Śląskich), 1936 r.
Kohlensammlung auf der Halde Beuthengrube (heute KWK Powstańców Śląskich), 1936

Górnicy pod ziemią, ok. 1930 r.
Bergmänner unter Tage, um 1930

Handlarze węglem, 1936 r.
Kohlenhändler, 1936

Gospodarz w stroju rozbarskim, 1944 r.
Bauer in der Roßberger Tracht, 1944